aller avec la chance

iliana holguín teodorescu

aller avec la chance

récit

verticales

À ceux qui croient aux couleuvres statistiques.

À l'habitant principal du pays
des Dormilones-Gordinflones.

« C'est leur nature de fleuves qui les oblige à cette errance continuelle, et même exacte, tellement que tous, je dis bien tous, à la fin, ils naviguent sur une route trois fois plus longue que ce qui serait nécessaire, et d'ailleurs, pour être exacte, trois fois virgule quatorze, je te jure, le fameux pi grec, j'arrivais pas à le croire, et en effet, mais on dirait que c'est vraiment ça, tu prends leur distance par rapport à la mer, tu la multiplies par pi et tu as la longueur du chemin qu'ils font en réalité, ce qui, je me suis dit, est un super-truc, parce que, je me suis dit, il y aurait une règle pour eux et pas pour nous, je veux dire, le moins qu'on puisse attendre c'est que pour nous aussi ce soit plus ou moins pareil, et que tout ce truc d'aller d'un côté et ensuite de l'autre, comme si on était fous, ou pire, perdus, en réalité ce soit notre manière d'aller droit. »

Alessandro Baricco, *City*

AUTANT D'ÉPREUVES DU FEU

Tour à tour, trois voitures se sont arrêtées. Chaque fois j'ai été invitée à monter pour des trajets courts.

La première: plus tard j'en parlerai.

La deuxième: conduite par Junior, elle suit un camion, assurant la sécurité de sa cargaison face à d'éventuelles tentatives de vols ou d'enlèvements contre rançon. Junior est armé d'un pistolet au cas où, mais il peut aussi se contenter de prévenir qui de droit si la situation dégénère. Alors que nous parlons logistique et concordance de destinations, que nous entassons mes bagages dans le coffre et que je m'installe à ses côtés, le camion s'éloigne jusqu'à sortir de son champ de vision. Après avoir démarré il accélère, double, zigzague entre les véhicules jusqu'à retrouver son protégé, qui poursuivait sa route comme si de rien n'était à quelques kilomètres de là.

Plus loin, la troisième: trois mécaniciens, qui passant dix minutes auparavant dans le sens opposé m'avaient saluée par leurs fenêtres ouvertes, se garent à ma hauteur et me font monter à l'arrière de leur 4 × 4. Lors de leur premier passage, ils allaient déposer leurs outils et cette fois-ci ils s'apprêtent à rentrer chez eux. Sur le chemin, ils m'invitent à goûter un dessert au maïs à la consistance visqueuse, nouvelle saveur découverte dans un stand en bord de route.

Embranchement

Je prends mon courage à deux mains et aborde mes premiers camionneurs, maîtres de ces anciens Chevrolet aux couleurs flamboyantes et tableaux de bord boisés dont les boutons allument, la nuit, mille feux dans la montagne. Il y a d'abord, pendant trois cents kilomètres parcourus en dix heures, le *paisa* – originaire de la région de Medellín, Colombie – d'une soixantaine d'années et à l'accent difficilement compréhensible. Nous traversons ensemble un village dont les habitants, regroupés au bord de la route escarpée, crient et applaudissent les jeunes qui sans peur se lancent dans une course nocturne, grâce au seul éclairage de lampes torches, sur des planches à roulettes artisanales. Il m'offre le dîner dans un resto-route, puis nous passons la nuit dans le même hôtel. Au matin, alors qu'il s'en est déjà allé, le gérant me raconte avec complaisance avoir appris de la bouche même du *paisa* que ce dernier aurait aimé coucher avec moi. Réalité ou invention, ce qui m'importe surtout est qu'il ait saisi l'absurdité de ce fantasme et qu'il n'en ait rien laissé paraître.

Ensuite, un chauffeur chauve, qui préfère écouter mes musiques de jeune Française les vitres baissées plutôt que de parler, m'avance jusqu'à la moitié de mon itinéraire. Il m'invite aussi à petit-déjeuner dans un restaurant où nous mangeons des beignets au fromage, une spécialité locale, et m'apprend que ce type de camion s'appelle *tractomula*, tracte-mule.

À deux heures du matin, un dernier camionneur me dépose dans la station-service d'une presque-banlieue de ma destination. Là, un pompiste de sa connaissance qui a toute sa confiance reste discuter avec moi, tous deux assis sur la bordure en ciment de l'une des files, baignant dans une lumière blafarde de néon, lui dans sa combinaison bleu et rouge, moi enveloppée dans une couverture que j'ai gardée depuis l'avion. L'heure tourne. Aucun véhicule ne vient nous déranger et il me confie – à une apparition de passage on peut tout dire et cela n'engage à rien – que sa pauvreté est, plus que financière, mentale et culturelle, qu'autour de lui les gens ont si peu qu'ils préfèrent se tuer à la tâche, parfois même de nuit, comme lui, pour pouvoir s'acheter une nouvelle moto ou le dernier téléphone ou une montre scintillante : compenser, avoir des choses à défaut d'une éducation et des possibilités. C'est cela, le pire à ses yeux, être conscient de ce subterfuge sans pour autant parvenir à abandonner ces valeurs consuméristes, superficielles.

Il a trente ans et déjà une fille de dix ans ainsi qu'une copine de dix-neuf qui veut un bébé, ce sont pour lui d'autres manifestations de cette prétendue pauvreté mentale : faire des enfants par instinct et absence de prévention avant même d'être adulte, prendre quelqu'un à sa charge avant d'en avoir entrepris assez pour son propre avenir. Puis, à quatre heures passées, nous nous couchons, moi dans son lit de camp qu'il m'oblige à accepter et lui dans un hamac étendu sur le sol. Vers sept heures, un camion et un couple qui travaillent dans une usine se relaient pour m'emmener en ville.

*

Le soir du quatorze août 2018, les comparateurs de billets en ligne proposaient, pour les voyages en bus de Cartagena à Cali, villes séparées d'environ mille kilomètres, des prix toujours supérieurs à deux cent mille pesos, soit le budget hebdomadaire d'un voyageur économe.

Le même jour à Cartagena, moi, voyageuse économe, assise dans un cybercafé, les yeux rivés sur un écran et arrondis par la surprise, désarmée par les sommes affichées, je fis une croix sur le bus, n'envisageai pas même l'avion puis, aucun autre moyen de transport en Colombie n'étant parvenu à ma connaissance, je me couchai, peu rassurée mais avec l'espoir que la nuit me porterait conseil. Le lendemain au réveil, une idée m'attendait : y aller en auto-stop.

Je décidai que je n'avais pas le choix. Sans le dire à personne pour que l'on ne m'en dissuade pas, craignant d'être folle, sachant que le soir même je serais peut-être bien loin d'un endroit désirable, je me lançai les doigts croisés, espérant qu'aucun malheur ne m'arriverait dans la journée.

Sur une carte, je cherchai d'abord le nom du village le plus proche de Cartagena où la route avait déjà remplacé la rue, l'écrivis sur un petit morceau de papier glissé dans ma poche, puis j'allai voir les motos-taxis toujours postées à un carrefour environnant, sortis mon papier pour me souvenir du nom et leur demandai de m'y conduire. Je leur expliquai que je voulais sortir de Cartagena en stop et que cela serait plus simple depuis ce village : « *Quiero salir de Cartagena a dedo, creo que será más fácil desde allí.* » Incomprise, je dus clarifier, alors ils m'apprirent que dans la région faire du stop ne se disait pas *ir a dedo* mais *ir con el chance.* Ma destination n'était pas stratégique pour eux puisqu'ils doutaient d'y trouver un autre passager, et sachant ce que j'y avais comme projet ils étaient plus sceptiques encore. Mais j'insistai et l'un des chauffeurs finit par accepter la course. Il resta avec moi jusqu'à ce que quelqu'un s'arrête pour constater mon succès de ses propres yeux.

À quelle autre occasion, dans ma vie d'étudiante parisienne en mathématiques et physique, ou même d'ordinaire voyageuse, me serait-il donné de connaître des camionneurs, des travailleurs, des gens qui ne voyagent pas même dans leur propre pays et dont le travail n'a rien à voir avec le tourisme ? Pourquoi irais-je découvrir ces nombreux villages et villes dans lesquels les bus ne font pas escale et qui ne possèdent aucune attraction connue ? Comment pourrais-je même entendre les noms de tous ces endroits sans ce besoin de regarder la carte pour dire à l'automobiliste qui me propose son aide si sa destination me convient ou non ?

Résolument, mon voyage se poursuivra en auto-stop et non plus en bus, exception faite lorsque ces derniers feront halte à la vue de mon pouce.

Cali

Sous le regard des employés d'une station-service de Cali, je frappe à chaque vitre, aborde chacun des conducteurs arrêtés à la pompe, leur demande s'ils se dirigent vers Buenaventura et, dans l'affirmative, s'ils peuvent me prendre à leur bord. Une femme et son mari, afro-colombiens, tous deux agents immobiliers et dans la voiture desquels pend un costume sur un cintre, nient d'abord avoir la même destination que moi, mais ensuite, derrière leurs vitres closes, quelques insistances de sa part à elle suffisent à le faire, lui, changer d'avis. Finalement ils m'emmènent et m'invitent même à déjeuner.

Près de San Cipriano

Je suis avec Corinne, une Française absolument pragmatique et dénuée de sensibilité avec qui j'ai partagé un dortoir et un tour de tubbing sur le fleuve puis quitté San Cipriano assises sur une *brujita*, littéralement petite sorcière, concrètement une planche de bois sur rail propulsée à toute allure par la roue arrière d'une moto, qui traverse la jungle jusqu'à la grande route.

Nous partons vers Ladrilleros, un village côtier que l'on ne peut atteindre que par voie maritime, depuis le port de Buenaventura dans notre cas.

D'abord un camion nous emmène à la périphérie de la ville, puis un livreur de viande s'arrête, ouvre son coffre, vide de cadavres animaux mais imbibé de leur sang et odeur, pour que l'on y dépose nos sacs. Voyant l'embarras remodeler nos visages, il accepte que l'on s'entasse plutôt sur le siège passager, à deux personnes et deux sacs à dos, les seconds sur les genoux des premières.

Buenaventura

Sous le soleil colombien, d'autres camions circulent avec moi comme passagère inattendue, parfois clandestine, quand les entreprises leur interdisent, à cause des assurances, de circuler accompagnés. Mais je suis pressée, en retard pour un rendez-vous, anxieuse, et le souvenir de ces sentiments brouille tous les autres.

*

À mon arrivée, je ne trouve personne au croisement prévu, entre la cinquième et la sixième rue. J'attends et attends encore ces amis chez qui j'ai oublié mon téléphone quelques jours auparavant, j'attends et ils n'apparaissent pas et je n'ai aucun moyen de les joindre, je pleure peut-être un peu de fatigue ou d'impuissance.

M'apercevant, un trentenaire encadré d'une femme plus âgée et d'un enfant me demande si tout va bien, s'il peut m'aider d'une quelconque façon. Je lui explique d'où vient mon trouble et il me propose d'aller plutôt patienter chez sa famille à quelques rues de là, me dit que je pourrai m'y connecter à internet et écrire à mes amis.

J'y vais. Je rencontre deux tantes et un cousin, ils m'exposent leur programme de l'après-midi : faire des sandwichs, les emballer, les stocker dans des sacs avec des bouteilles de jus et aller distribuer ces victuailles aux migrants vénézuéliens qui vivent dans une rue avoisinant la gare routière. Alors que les heures passent, sans nouvelles, je mets donc la main à la pâte, puis décide de me joindre à eux.

Les Vénézuéliens se comptent par centaines, il y a des familles, des enfants, des bébés, ils discutent, réclament parfois plus de nourriture, s'interrogent souvent et avec des airs dragueurs sur mes origines et Francisco, le cousin, souhaitant me faciliter la tâche, prétend que je suis sa femme. Globalement, tout se déroule sans encombre, les deux tantes sont satisfaites de leur bonne et charitable action, rassurées, étonnées même, elles qui prenaient des pincettes pour les aborder, redoutant plus de violence et de réactions incontrôlables que de reconnaissance et de compréhension mutuelle.

À peine sommes-nous rentrés que mes amis m'écrivent un message : ils viennent de poser le pied à la gare routière, celle que nous avons quittée si peu de temps auparavant. Ils sont sur le point d'embarquer dans un autre bus qui part dans vingt minutes, désolés pour le retard causé par de nombreuses péripéties qu'ils me raconteront plus tard. Alors en bonne auto-stoppeuse et malgré quelques scrupules, je demande à Francisco, qui possède une moto, s'il peut au plus vite m'y emmener. Compatissant il accepte, et nous partons en trombe, traversant Cali à cent kilomètres heure. De justesse, nous arrivons, je récupère soulagée mon téléphone avant de rentrer. La nuit approchant je remercie toute la famille pour son aide et sors me trouver une auberge. Le lendemain, Francisco et moi irons passer la journée à sa ferme fraîchement acquise, à une heure de Cali dans la cordillère des Andes, et j'y mangerai, cueilli sur l'arbre, un citron orange découpé en quartiers.

Au retour nous serons trois, nous deux accompagnés d'une poule morte conservée dans un sac plastique accroché au guidon de la moto, se balançant au gré du vent et des virages. Plus tôt et plus haut dans les montagnes, dans une autre ferme accessible à pied uniquement, une femme qui, à notre arrivée, était en train d'allumer un feu avec un emballage plastique embrasé a fait choisir à l'acheteur, Francisco, la poule qui paraissait la plus savoureuse, lui a tordu le cou, l'a ébouillantée, déplumée et lui a arraché les pattes. Peut-être à tort, je trouve cela contre-intuitif, ce passage de l'état d'être vivant, dont les pattes servent à gambader et les plumes à couvrir, à celui d'aliment, objet utilitaire presque, dont ces mêmes pattes et plumes deviennent gênantes, superflues, bonnes à être violemment arrachées.

De retour à Cali

« *Espérame quince minutos, voy a buscar otro casco* », m'ordonne un motard qui passait par là en apprenant ma destination. Quinze minutes plus tard il est de retour, j'installe sur ma tête le casque qu'il me tend, monte derrière lui et m'agrippe à ses épaules. Nous voilà partis, nos chemins se séparent quelques kilomètres plus loin, où se trouvent plusieurs stands de fruits.

Je poursuis le trajet dans un bus dont l'un des vendeurs ambulants connaît le chauffeur, qu'il hèle et prie de m'aider.

Filandia

Un homme arrête son 4×4 et, sur la route, exprime des inquiétudes quant à ma sécurité. Il dit que je suis folle et surtout *arriesgada*, le mot n'existe pas précisément en français, il décrit quelqu'un à la conduite risquée. Il ajoute que jamais au grand jamais il ne laisserait son enfant de dix-huit ans se mettre en danger de la sorte.

*

J'ai dix-huit ans. J'aurais préféré faire planer le doute quelque temps sur mon âge, mais c'est le genre d'information que vous aurez sûrement déjà percée à jour. L'âge fait partie des données que nous pouvons croiser dans nos têtes, qui nous permettent de grossièrement cerner tout un chacun, de ne surtout pas laisser place à l'inconnu, de répondre aux questions suivantes : Cette personne va-t-elle m'apprendre quelque chose ? Va-t-elle éventuellement me dominer ? Vais-je, moi, la dominer ? Puis-je coucher avec elle ? Puis-je lui expliquer la vie ? Dois-je la respecter ? Puis-je être honnête et sincère avec elle ? Allons-nous nous comprendre ? Que puis-je lui apporter ? Dois-je prendre soin d'elle ?

En général, si je donne le mien trop tôt on arrête de m'écouter, on se déconnecte, la case dix-huit ans est très hermétique et uniforme. En revanche, si j'attends un peu, d'autres perceptions ont eu le temps de se former, et au lieu de constituer une barrière entre les gens et moi, il devient un fait surprenant et remarquable, il joue en ma faveur.

Salento

De retour, comme moi, d'une visite dans la vallée de Cocora, parc naturel surplombé par d'immenses – les plus hauts du monde même – palmiers, une famille se serre pour me dégager une place à l'arrière, entre un enfant, un adolescent et une grand-mère. Ils vont jusqu'à se perdre dans un quartier labyrinthique de Medellín pour me laisser à bon port. Avant de nous séparer, le fils qui conduit m'invite à séjourner chez lui et à visiter sa ville, Popayán.

*

Y aller / Ne pas *y* aller ?

Il paraît que l'on *y* trouve une cascade enragée / une montagne abrupte / une place principale pittoresque / une plage paradisiaque / une statue monumentale.

Si la chance me sourit, j'*y* rencontrerai même, *là-bas*, quelqu'un d'extraordinaire.

Dont je garderai quelques semaines le souvenir.

Y aller / Ne pas *y* aller ?

Y aller / Ne pas *y* aller ?

Y aller / Ne pas *y* aller ?

Je ne sais plus, le sens s'est perdu

Je regarde les autres, ceux qui vadrouillent heureux depuis six mois / un an / deux ans et je m'interroge…

De quoi se nourrissent-ils ?

En général il y a des expériences de toutes durées ; certaines qui s'éternisent en arrière-plan, d'autres, soubresauts, qui laissent à peine le temps d'être entrevues, et les dernières de durée moyenne, ni si installées ni si intenses.

Ici, toutes sont éphémères, trépassent immédiatement, et mon cerveau

ne comprend

plus,

ne ressent

plus,

n'interprète

plus,

il demande à ce que certaines choses perdurent.

Medellín

Je dois, impérativement, arriver à l'aéroport à temps, ne pas rater la personne que je vais y chercher. Malgré mon air désespéré et les larmes sur mes joues, personne ne semble me voir. Suis-je soudainement devenue invisible ? Est-ce la ville qui m'a engloutie ? Ou est-ce que je dégage trop de choses, est-ce que je suis une présence trop lourde d'impatience, d'incertitude, trop envahissante ? En tout cas, il n'y a pas d'autre option, je descends du trottoir, fais deux pas, me campe au milieu de la rue, y reste, immobile. Là, enfin, une dame s'arrête, me laisse monter, m'emmène un peu plus loin que chez elle, jusqu'à un rond-point. Elle revenait du travail.

Puis un taxi d'aéroport qui rentre chez lui pour sa pause dîner de trente minutes renonce à son repas et me dépose juste devant la porte des arrivées.

*

La plupart de mes proches en France, jeunes ou vieux, auto-stoppeurs rodés ou non, optimistes ou pessimistes, me trouvent inconsciente ; premièrement de faire du stop, deuxièmement en Colombie, troisièmement seule et quatrièmement à dix-huit ans. Les locaux aussi, quels qu'ils soient, après avoir loué la bonté, la générosité, l'hospitalité de leurs compatriotes, après avoir même déploré la mauvaise réputation qu'aurait à tort leur pays à l'étranger, désapprouvent, en l'apprenant, ma façon de voyager : elle leur paraît bien dangereuse, car « *en este país hay más maldad* », il y a plus de mal ici qu'ailleurs.

En parallèle, il y a ceux qui accèdent à mon éternelle requête d'être emmenée en auto-stop, ceux qui vont au-delà, qui m'invitent à un repas, qui pour moi font des détours, me racontent des histoires ou partagent leur culture. Cela arrive, tous les jours, immanquablement, et vient contredire ces affirmations.

Le pire qui me soit arrivé, comme une épreuve du feu avant d'accéder à la réalité de la route, est venu de mon premier automobiliste, celui dont plus tôt je n'ai rien voulu dire, qui s'est mis à me caresser la main avec insistance. Pour faire connaissance, puis en m'assurant que mon voyage se passerait bien, puis sans aucun prétexte pour jeter le trouble sur ses intentions. Lorsque je lui ai laissé le choix entre cesser et me laisser descendre, il a affirmé avoir cru que cela m'était agréable et s'est excusé en prenant un air faussement sincère, mais par la suite sa main, irréprochable, est restée à sa place, sur le volant ou la boîte de vitesses.

Excepté cette première frayeur, un ou deux m'ont fait des propositions indécentes ou posé des questions embarrassantes sur ma vie sexuelle et amoureuse, mais cela n'est jamais allé au-delà, et je pense avoir appris que celui qui, sans honte, montre clairement ses intentions est moins dangereux que celui qui les dissimule, car, en s'enquérant de ses chances, il démontre qu'à ses yeux le consentement a de la valeur.

Voici donc les prémices de mon expérience avec des inconnus, et poussée par le surprenant paradoxe entre leur bienveillance et leur méfiance, je sonderai désormais mes automobilistes, quand l'occasion se présentera, en leur posant la question suivante : « À combien estimez-vous le pourcentage, dans le monde que vous connaissez, de personnes potentiellement dangereuses, plus que délinquantes, indignes de confiance, animées de mauvaises intentions à l'égard de leurs semblables ? »

Je souhaite raconter d'autres « faits divers », avec comme protagonistes celles et ceux qui aident sans contrepartie tangible, et ainsi participer à nous défaire de ces peurs que nous avons, mais je souhaite aussi que ces individus paraissent crédibles, imparfaits, qu'ils aient un nom, un visage, une vie, des qualités et des défauts, je souhaite réussir à les comprendre et à entrer un court moment dans leur existence, à transformer ces voitures inhospitalières que je vois passer par centaines en zones de rencontre, d'ouverture.

*

Chaque fois j'ai peur, en levant mon pouce, du regard des gens, du ridicule, alors s'il y a un village, une maison ou des yeux pour me voir, je m'éloigne.

Les conducteurs aussi me voient et leur refus pourrait être blessant, pourtant cela m'affecte moins : ils sont cachés dans leur voiture, déshumanisés, et lorsque je m'adresse à eux je les englobe dans ma bulle, ils me frôlent presque, ils sont dedans et non dehors, et pour juger il faut être humain et dehors.

Mais je finis toujours par prendre une grande inspiration, relativiser et passer outre ce sentiment.

L'AUTRE DANGER
SERAIT LES COULEUVRES

Quelque part près de San Luis

Mes doigts décortiquent un *zapote*, un fruit orange dont il faut enlever la peau en la tirant par lamelles depuis le haut, puis en séparer les quartiers qui apparaissent naturellement autour du noyau. Celui-ci fourmille de vers, c'est mon précédent automobiliste, un peu étrange et que j'ai préféré abandonner, qui l'avait acheté à un vendeur de bord de route. Je le jette dans le fossé.

À perte de vue, devant et derrière moi, il y a des véhicules stationnés, les uns derrière les autres. Plus loin, à une vingtaine de kilomètres peut-être, un éboulis s'est déclenché. Dans la file, j'aperçois une voiture immatriculée Bogotá. Je ne vais pas à Bogotá, mais ma route suit longtemps celle de la capitale. À travers le pare-brise se distinguent deux hommes d'une soixantaine d'années à l'avant, et une jeune fille qui doit avoir plus ou moins mon âge à l'arrière. Ils ont l'air sérieux et de confiance, alors je les aborde et leur demande s'ils peuvent m'emmener : « *¿ Van a Bogotá ? ¡ Vi la matrícula ! Qué buena onda, gracias.* » Le tour est joué.

L'attente dure encore six heures, ils m'expliquent qu'ils sont tous deux pasteurs évangélistes, de retour d'un congrès sur l'Apocalypse à Medellín, que Maria, à l'arrière donc, est la fille d'un ami pasteur. Je leur dis que je voyage et que je suis française, que j'ai dix-huit ans, que je suis agnostique. La discussion s'arrête là, eux veulent rester dans la voiture alors que moi je préfère m'asseoir dans l'herbe. Pendant ces six heures, il ne se passe rien. Seulement quelques véhicules, seuls ou en groupes, qui débarquent de temps en temps en sens inverse. Chaque fois, tous espèrent que ce sont les premiers arrivants de l'autre côté de l'éboulis, mais ce ne sont jamais que des conducteurs lassés d'attendre qui ont fait demi-tour. Dans le cas d'un groupe de véhicules, l'espoir et la déception qui l'accompagnent sont plus intenses encore.

Finalement, la voie est dégagée, nous partons. Tout de suite, celui qui ne conduit pas me demande « Que sais-tu de Jésus ? », et j'ai beau leur dire que je ne sais rien d'extraordinaire à son sujet, ils insistent. Alors je leur raconte : la naissance de l'Enfant Jésus, l'Annonciation, les Rois mages, Ponce Pilate, le dernier repas, la crucifixion, un miracle ou deux… Ils sont satisfaits, je suis bien informée selon eux.

Celui qui tient le volant se nomme Rafael et l'autre Manuel. C'est bizarre, moi je les appelle par leur prénom, mais Maria les appelle *pastor*. Je me demande comment ils font, alors qu'ils lui tournent le dos, pour savoir auquel des deux elle s'adresse. Elle a l'air timide. C'est son apparence qui donne cette impression : des cheveux parfaitement tirés en arrière, un cartable d'écolière, des lunettes, des habits absolument sobres. Mais c'est trompeur, parfois elle s'enflamme, et alors on ne peut l'interrompre. Lorsqu'ils essaieront de me convertir, elle sera la plus fervente.

Ils prétendent croire en Dieu parce qu'ils ne peuvent concevoir que le monde qui nous entoure, la Nature, les montagnes qui nous dominent alors, que tout cela a toujours existé ou découle d'une simple explosion, d'un big-bang : il y a forcément une volonté divinement supérieure à l'œuvre. Moi je leur avoue, je trouve cela tellement humain de croire que tout doit avoir, comme nos vies et ce qu'elles contiennent, un début, un milieu et une fin, mais eux, et elle en particulier, n'écoutent pas. Leur réponse est toute préparée, « Et toi, en quoi est-ce que tu crois ? ». En rien. Ni au big-bang ni en Dieu ni que le ciel est bleu ni qu'à ce moment précis je suis dans cette voiture en plein jour avec eux. Peut-être suis-je folle, dans un asile, en train de tout imaginer ? Ou bien suis-je un personnage de jeu vidéo et c'est une enfant qui est en train de choisir mes répliques, de répondre à cette question, de me faire déclarer que je peux douter de tout et non que je crois en Allah ou en la science ou en la bonté humaine ? Je les exaspère. Moi aussi ils m'exaspèrent d'ailleurs, à me poser sans cesse la même question, « Mais toi, qu'est-ce que tu crois ? », alors même que je leur répète qu'intellectuellement on peut douter de tout. Comment peut-on croire comme eux au paradis et à la vie après la mort ? C'est comme s'il y avait une maison dans laquelle personne n'avait jamais pénétré et que je me mettais à croire et à prêcher qu'il y a du chocolat dans la cuisine de cette maison, tout en sachant qu'il serait très arrangeant pour moi que je dise vrai puisque j'adore le chocolat. Comment, dans ce cas-là, pourrais-je me fier à une croyance irrationnelle ? Mais ils ont plus d'un tour dans leur sac : Manuel va me démontrer, à l'aide d'une carte de visite sortie de sa poche, l'existence de Dieu et de Jésus. Dessus figurent trois cercles. Le premier, c'est le monde parfait créé par Dieu pour Adam et Ève, *diseño perfecto de Dios*, le parfait dessein de Dieu. Le deuxième, c'est *quebrantado*, notre monde, pollué par le mal et l'hérésie, cassé. Ils sont reliés par *pecado*, le péché. Le troisième, c'est Jésus envoyé sur terre pour nous sauver. Entre ces deux derniers cercles, il y a une flèche qui dit *arrepentirse, creer*, se repentir et croire. Puis une dernière flèche, entre Jésus et le monde parfait : *crecer, volver*, grandir et retourner, enfin. Il m'explique tout cela en repassant frénétiquement les flèches avec un crayon et en soulignant à maintes reprises le nom de Jésus.

Me voyant encore sceptique, Maria sort l'argument ultime, « Mais est-ce que tu es heureuse ? ». Mon honnêteté me perdra, je lui réponds que ces jours-ci oui, mais que d'autres non, et pour elle la solution est claire, ce qu'il me manque est la foi et l'amour envers Jésus.

Heureusement l'heure tourne, et la pause dîner me sauve. Peu de temps après, nos chemins vont se séparer, ils me déposeront à Guaduas, avec précieusement dans ma poche le schéma sur carte de visite de Manuel, leurs adresses mail et le lien vers leur blog où se trouvent les réponses à toutes, oui oui, toutes, mes éventuelles questions. En sortant mon sac à dos du coffre, Rafael me rappellera aussi de ne jamais oublier que Jésus m'aime.

Cependant, aussi pieux soient-ils, ils m'avouent sans l'ombre d'un remords qu'ils ne se seraient jamais arrêtés si j'avais été au bord de la route à tendre mon pouce et qu'il n'y avait pas eu d'éboulis pour me permettre de les aborder. Mais je comprends, le monde est plein de pécheurs, on y trouve selon eux 30 % de gens mal intentionnés, et vivement l'Apocalypse pour s'en débarrasser !

Guaduas

Guaduas, sept heures du matin, je sors de l'hôtel miteux où j'ai passé la nuit, tout le monde dort, il n'y a pas un chat pas un bruit, juste un coq qui vaque à ses occupations dans la rue poussiéreuse. Je me perds un peu, puis tombe enfin sur la route principale. Là, un petit camion s'arrête.

C'est Juan et son apprenti. L'apprenti n'a pas de nom,

pas d'histoire, il ne parle pas, ou alors répond par oui ou par non, c'est tout. Il a dix-neuf ans et n'aimerait pas voyager, on n'en saura rien de plus. De Juan, pas énormément de choses non plus, trente kilomètres ça passe vite. Il vit dans le sud de Bogotá et transporte des matériaux pour le chantier d'une maison en construction, à Honda. C'est là qu'il me laissera, du mauvais côté du fleuve, et il faudra que je rebrousse chemin. Il est divorcé et le fils de sa nouvelle partenaire voyage comme moi, avec son sac à dos pour seul compagnon, *mochileando*. Juan ne se déplace qu'au gré des livraisons, et les photos que son beau-fils lui fait parvenir satisfont ses envies de voir le monde. Il m'en montre quelques-unes. Une au Machu Picchu, une dans les montagnes, une à une soirée, une avec sa copine française qui est maintenant rentrée au pays pour étudier.

En descendant du camion, nous prenons une photo pour qu'il l'envoie au beau-fils, pour qu'il lui prouve qu'il a ramassé en stop une de ses camarades de route. Puis il insiste pour me donner cinq mille pesos, je refuse, il insiste encore, je me dis que cinq mille pesos c'est peu, c'est moins de deux euros, que ce n'est pas grave, j'accepte. Il remonte dans le camion, je claque la portière, adieu Juan.

C'était le quinze septembre.

Le douze novembre, presque deux mois plus tard, j'arrive dans un hôtel à Lima, Pérou, et y fais la connaissance d'un Colombien aux cheveux noirs et bouclés, Oscar.

On discute, il est avenant. Il est volontaire, c'est-à-dire nourri-logé-blanchi en échange de quelques heures de travail quotidiennes, au Passion Hostel, dans le quartier Barranco. Je lui rappelle quelqu'un. Alors que je m'apprête à sortir, il réalise. Ai-je fait du stop avec un camionneur nommé Juan en Colombie il y a deux mois et avons-nous pris une photo ensemble ? Oui. A-t-il une copine française ? Oui. Il me prend en photo, l'envoie à son beau-père. Est-ce la fille que tu as prise en stop ? Oui. C'est lui, c'est moi, deux mois plus tard, à deux pays et deux mille neuf cent dix kilomètres d'écart, par le seul fait du hasard, et cela suffit à nous rapprocher comme si nous étions de vieilles connaissances, comme s'il ne s'agissait pas d'une rencontre mais de retrouvailles. Enfin, dans l'immense inconnu, un repère.

Honda puis El Espinal

Elle est grande et forte, légèrement en chair, très soignée, bien coiffée, bien maquillée, le visage sérieux et décidé, belle. Sur sa moto, avec ses longs cheveux qui dépassent du casque, elle inspire le respect et l'admiration. Elle c'est Libia. La femme d'Oscar. Oscar du pick-up, pas de Lima.

Retour en arrière :

Le paysage qui m'entoure est aride, sablonneux. Il fait chaud. Un camionneur vient de me déposer sur la route qui borde El Espinal, devant l'hôtel dans lequel il compte passer son dimanche à regarder la télé. Un pick-up s'arrête. C'est mon premier pick-up, et mon premier Oscar aussi. Pas mon premier livreur. Il revient de Girardot et rentre chez lui à Neiva. À ma demande, il me donne quelques conseils pour ensuite quitter la ville et sur la durée du trajet jusqu'à San Agustín. L'option la plus viable semblant être de passer la nuit à Neiva pour ne reprendre la route que le lendemain, Oscar m'invite chez lui, je dois seulement attendre qu'il appelle sa femme afin qu'elle lui donne son accord. Il a aussi deux enfants à la maison, il me prévient. Ensuite nous parlons logistique : il faut d'abord qu'il dépose le véhicule à son entreprise et sa femme est censée aller le chercher à moto, mais elle peut faire deux allers-retours, un pour moi puis un pour lui. Au téléphone, elle accepte. Et voilà Libia.

Elle m'emmène donc chez eux. En chemin nous sommes arrêtées pour un contrôle routier. Tout en m'ignorant, le policier l'interroge, suspicieux. D'où vient-elle ? Que fait-elle là ? A-t-elle son permis ? De manière irréprochable mais avec un air de noble fierté, elle lui montre ses papiers, lui dit qu'elle habite à deux rues, et il nous laisse partir, un peu penaud. Enfin nous arrivons. Je visite. Une maison style Ikea, très propre. Une jeune fille, Samantha, quinze ans, assise sur le canapé. Un chien minuscule qui court nerveusement à droite et à gauche. Ma chambre – celle de Samantha apprendrai-je plus tard – aux murs roses et au lit moelleux envahi de peluches. Libia s'en retourne chercher Oscar. Avec Samantha, nous restons seules.

Samantha s'appelle Samantha mais ici tout le monde la surnomme Bebé ; elle sera toujours la cadette et ne perdra jamais ce petit nom. Elle l'accepte, tout comme l'interdiction d'aller le soir même à la *quinceañera* d'une de ses amies – coûteuse fête pour les quinze ans d'une jeune fille, traditionnellement organisée afin de la présenter aux garçons de son âge et nécessitant parfois plusieurs milliers de dollars, ce pour quoi il arrive qu'un père aille travailler à l'étranger. Elle accepte même le refus parental de lui payer, au lieu d'une *quinceañera*, un voyage à Paris, n'étant qu'adolescente. Elle est sage et conciliante.

Libia et Oscar rentrent, et un peu plus tard Miguel, leur fils. Ce dernier a l'air impassible et faussement calme. Flanqué de deux amis, il me raconte qu'ils ont tous les trois dix-neuf ans et qu'ils prennent des cours d'anglais avant d'entrer à l'université. Ils discutent à voix basse dans un sombre recoin du salon et font des blagues idiotes sur le nombre de langues que je maîtrise, quatre en tout : le français et le roumain depuis toujours, l'espagnol et l'anglais depuis l'école.

Tout en les écoutant, j'avale, disciplinée, en une infinité de bouchées, le repas le plus lourd de ma traversée latino-américaine. Libia est on ne peut plus carnivore, et lorsqu'elle apprend que je suis végétarienne, elle dépasse rapidement sa surprise et s'efforce de me donner un repas consistant et protéiné tout de même : du fromage, des œufs, de la friture, du lait au chocolat en dessert, avec comme spécificité de la région des *biscochos*, petits biscuits au fromage en forme de boudins, à tremper dans le chocolat. J'aurais dû dire que j'étais végane !

Après une bonne nuit de sommeil, Libia, vêtue d'un maillot de foot au nom de son mari, va le supporter pendant un match et me dépose au passage à la sortie de Neiva, équipée d'une pomme, d'une bouteille d'eau et d'un sandwich, mais sans pourcentage de gens mal intentionnés, je ne leur ai pas demandé, à aucun moment la question n'aurait pu s'inscrire dans la conversation.

Neiva

Je me hisse dans la remorque d'un grand camion où quatre Vénézuéliens en exil sont déjà installés. L'un d'eux a les yeux bleus et croit fervemment en Dieu, encore plus ces dernières semaines, en constatant l'aide que les gens lui apportent. Ils ont tous une famille qu'ils ont laissée au Venezuela.

*

Ces temps-ci, mes journées les plus réussies ne sont pas celles où je découvre les endroits mais celles où je les quitte, celles où je fais de l'auto-stop. Ce sont les moins solitaires.

Le reste du temps, je suis entourée d'autres voyageurs et des locaux qui leur tournent autour, et nous supposons qu'ayant le voyage en commun nous partagerons de même un état d'esprit. Nous en déduisons que nous devrions devenir amis. Alors je commence à m'inquiéter, à me demander pourquoi les présents me paraissent insipides et les absents irremplaçables. Puis j'essaie de profiter, j'espère que cela me mènera quelque part, et ça ne marche pas. Pour moi, c'est un poids. Amis ou rien.

Ce n'est que sur les routes, avec ces gens si décalés que la question de l'amitié ne se pose pas, que je me sens accompagnée, utile, même parfois comprise dans une version adaptée de moi-même.

Pitalito

Deux voitures se suivent sur la route allant de Pitalito à San Agustín. Serait-ce une filature ? Non, ce n'est banalement qu'une famille trop nombreuse pour tenir sur cinq sièges qui se déplace dans deux véhicules en file indienne. Les grands-parents avec moi dans le premier ; leur fille, son mari et leurs deux bébés, des jumeaux, dans le second.

La grand-mère m'avoue être super protectrice envers ses filles, notamment la seconde, qui bien qu'installée à New York l'informe tous les jours de son retour saine et sauve chez elle. Le grand-père approuve tout ce que dit sa femme et, même s'il n'en a pas l'air, se considère aussi super protecteur.

En arrivant à San Agustín ils m'offrent un goûter dans le café que vient d'ouvrir un de leurs amis.

San Agustín

À la vue de mon pouce dressé au bord de la route qui sort de San Agustín, Hernando a arrêté son camion et m'a informée qu'il se rendait à Bogotá. Je n'allais pas si loin, seulement jusqu'à Pitalito, mais c'était sur son itinéraire. Il venait d'approvisionner le supermarché Olímpica et retournait, déchargé, à la capitale. Je ne sais pas si par la suite il allait rentrer chez lui, à Medellín, ou s'il poursuivrait vers d'autres destinations. S'il rentrait, il pourrait voir ses enfants, son fils de dix-huit ans, étudiant en ingénierie, sa fille plus jeune, cinq ans, mais pas sa femme blonde et pâle, celle-ci s'étant trouvé un nouveau mari pendant ses longues absences. Son fils ne voyage pas comme moi, il n'en aurait pas l'autorisation et de toute façon il doit étudier. C'est que, selon Hernando, 80 % des gens ici ont vraiment de mauvaises intentions : vol, viol, meurtre, kidnapping… C'est énorme, mais heureusement il n'en est pas ainsi dans le monde entier : les gens du dehors seraient meilleurs que les Colombiens. Je ne sais pas s'il m'incluait dans cette catégorie des bonnes gens du dehors, le cœur de pierre qui m'a permis de partir si loin de mes parents pendant si longtemps l'en ayant fait douter – j'ai gardé pour moi le fait que ma mère, même si elle s'en repent amèrement aujourd'hui, nous a toujours dit, à mon frère jumeau et moi, d'un côté en riant et de l'autre pour nous inculquer l'autonomie comme valeur, de quitter la maison dès que possible, de préférence loin.

L'autre danger qui inquiétait Hernando était celui représenté par les couleuvres qui menacent à tout moment de mordre l'imprudent voyageur-campeur. Il me semble qu'il n'y a pas plus de couleuvres ici qu'ailleurs, mais les phobies ne tiennent peut-être pas compte des réalités biologiques.

Au moins, malgré les 80 % de gens mal intentionnés qui rôdent dans le pays, Hernando s'arrête pour les auto-stoppeurs, pour les Vénézuéliens en fuite, pour n'importe quelle personne seule en fait, et dit tendre la main à ceux qui ont besoin d'aide.

*

Je porte à mon poignet gauche un fin bracelet fait d'un seul fil vert et d'un seul fil jaune, offert en double par un Colombien soûl à Bogotá, un à Paula et un à moi. Comme aucune de nous deux n'aurait accès à internet dans les jours qui suivraient, nous avions établi qu'elle m'informerait par ce lien magique de ses arrivées saine et sauve à l'aéroport, puis à Lima pour une escale, puis à

Berlin, et enfin dans son petit village allemand : tout ce qu'elle aurait à faire serait de parler les lèvres collées à son bracelet et moi d'écouter l'oreille pressée contre le mien.

Dans mon sac il y a, entre autres, une tente et un cahier. Sur la dernière page de ce cahier on peut parcourir une liste d'auberges de jeunesse et de campings, avec chaque fois le nom de la localité et le prix de la nuitée indiqués.

Paula est la propriétaire originelle de la tente et l'autrice de la liste.

Mais Paula m'a paru naïve. Elle est l'une des premières personnes que j'aie connues en arrivant à Bogotá, assise dans le jardin de l'*hostal* lorsque j'y suis entrée, ses longues dreadlocks blondes recouvrant ses épaules. Elle écrivait dans un carnet et m'a confié plus tard que c'était son journal, qu'elle avait parcouru la Colombie en long et en large pendant un an et qu'elle l'avait trouvée magnifique, mais aussi qu'on l'avait séquestrée une nuit dans un garage, presque violée deux fois et entièrement dévalisée, tout cela sans même avoir pris le risque de se déplacer en auto-stop. Le lendemain de notre rencontre, son téléphone a sonné à plusieurs reprises et chaque fois elle a soupiré en voyant les messages du même homme insistant à qui elle avait cru bon de donner son numéro.

Voilà pourquoi je dis qu'elle m'a paru naïve, parce que dans chacune de ses histoires elle avait baissé les armes et s'était fait avoir par un individu mal intentionné.

Elle avait confiance aveuglément, sans y réfléchir, s'imaginant que tous sont aussi généreux qu'elle, alors que moi j'ai confiance mais je reste vigilante : je laisse mon instinct continuer à croire en mes congénères, mais en pensée je doute, garde l'œil ouvert, m'éloigne au moindre signe de danger, de sorte que les autres perçoivent cette énergie. Je n'ai pas peur, mais je garde en permanence une distance salvatrice que j'appelle ma Bonne Étoile.

En vérité, j'ai vu suffisamment peu d'atrocités pour pouvoir encore poursuivre l'idée folle que le monde n'est pas si dangereux, que le mal existe mais qu'il recule toujours devant l'intelligence de quelqu'un en alerte.

Pitalito à nouveau

Mauricio mériterait une photo. Il porte une jolie chemise en lin bleu et une bague dorée représentant une tête de panthère qu'un ami lui a offerte lors de vacances à Panamá. Il a une quarantaine d'années et des plis sur l'arrière du cuir chevelu. Lorsqu'il s'arrête, après avoir croisé mon regard désespéré de tant d'attente sans récompense, il est bien loin de chez lui. Tout se déroule à la sortie de Pitalito, les voitures roulent groupées, dépassant enfin le feu rouge qui leur a fait perdre quelques minutes dans leur journée. Postérieurement il me dira avoir hésité à me prendre, l'absence de dreadlocks sur ma tête m'ayant sauvée. Les seuls pour lesquels Mauricio ne s'arrête pas sont ceux qui ressemblent de près ou de loin à des hippies. Ceux-ci se baladent avec de la marijuana et cela pourrait lui attirer des problèmes, volent non par nécessité comme certains Vénézuéliens mais pour s'acheter toujours plus de drogue et, bien souvent, sentent le pas-lavé-depuis-des-lustres. Il a eu deux mauvaises expériences de ce genre, et bien qu'il admette avoir peut-être simplement manqué de chance, l'image des hippies et rastas en reste à jamais ternie pour lui. Il a donc failli passer son chemin à la vue du tambour qui reposait à mes pieds, puis s'est dit que j'avais quand même l'air inoffensive. Ce n'est pas le seul préjugé qu'a Mauricio en tête, il pense aussi qu'il y a en moyenne 20 % de gens mal intentionnés en Colombie mais que ce chiffre peut augmenter sur la côte Caraïbe où les Noirs sont plus nombreux.

Mauricio n'est pas parfait, mais il m'a aidée, m'a invitée à déjeuner et fait le maximum pour sa famille ; il provient d'un milieu très pauvre, enfant il ne recevait pour tout petit déjeuner qu'une *agua de panela*, une eau avec de la *panela*, sorte de sucre, et a dû travailler dès ses onze ans pour gagner l'argent que ne pouvait apporter un père disparu. C'est ce qui lui a donné l'envie de tout offrir à ses enfants pour qu'ils ne soient contraints ni de travailler à onze ans, ni de voyager sans le sou comme moi – suppose-t-il.

Sa fille aînée a treize ans et veut aller à Paris. Avant Paris, elle voulait une petite sœur, mais ça, elle l'a eu, à condition de s'engager à lui payer ses études quand elle en aura l'âge. Ils se sont arrangés ainsi, entre père et sa fille de onze ans : « On te fait un petit frère ou une petite sœur, mais plus tard ce sera toi qui seras responsable du financement de son éducation. » Elle a réfléchi sérieusement et a répondu « Ok, marché conclu ! », et voilà, aussitôt dit aussitôt fait. Heureusement, elle a encore le temps de grandir, travailler, économiser, puisque la petite n'a que deux ans à l'heure actuelle. Pour sa défense, Mauricio s'occupe déjà de ses études à elle et du logement de sa mère, alors il aurait pu se passer d'un deuxième enfant. Parmi les êtres vivants qu'il a sous sa responsabilité se trouve aussi un cheval, auquel le fait penser la selle miniature accrochée au rétroviseur. Il le garde dans une ferme qu'il possède aux alentours de sa ville, Ibagué. C'est ce qu'il a expliqué tant bien que mal au soldat qui nous a arrêtés sur la route pour vérifier ce que nous faisions là et savoir si nous n'avions rien vu d'inhabituel en chemin. Nous nous trouvions alors dans le Cauca, le département qui produit le plus de marijuana, et les contrôles routiers y sont fréquents. Il a ajouté être en chemin pour Puerto Asís et le fast-food qui l'emploie.

Mais à moi il en a dit plus. En vérité, son travail consiste à vérifier que tout va pour le mieux dans les commerces que son frère possède. Un fast-food à Puerto Asís certes, mais aussi un magasin de chaussures à Manta, en Équateur. Il avait donc des dollars plein la poche gauche, parce que en Équateur on utilise le dollar, et m'a montré des billets américains. C'était la première fois que j'en voyais. Mauricio m'a confié être d'accord avec la devise inscrite dessus, *In God We Trust*, et *God* sans *s*, a-t-il précisé, parce qu'il n'y en a pas plusieurs qui bataillent pour le pouvoir comme de misérables hommes/femmes politiques.

Près de Mocoa

Un couple de quinquagénaires attend comme moi que la voie soit réouverte après sa fermeture momentanée due à une course cycliste, mais je n'engage pas de vraie conversation avec eux. Il y a des singes qui se balancent dans les arbres et nous qui sommes assis sur des bancs, à la terrasse de leur hôtel – moi, je campais ailleurs, je suis seulement entrée m'enquérir de « pourquoi il n'y a que des vélos sur la route ? », et on m'a invitée à patienter là en profitant du buffet self-service. La femme me jette de temps en temps un coup d'œil attendri par-dessus son trait d'eyeliner bleu. Un air sympathique, un peu mystérieux, complice.

Quand la route se libère, je sors mon pouce ; de leur côté ils hèlent un taxi. Je vois un chauffeur tout de noir vêtu ouvrir la portière, ranger leurs bagages dans le coffre. Je détourne le regard, je dois surveiller la route. Mais rapidement elle m'interpelle : « Viens avec nous jusqu'à Mocoa, on t'invite. »

Ils s'appellent Suzanna et Juan, viennent de Bogotá et ont encore seize jours de voyage devant eux. Ils prévoient d'aller jusqu'à Quito en passant par la lagune sacrée de la Cocha près de Pasto, puis de se laisser porter par les vents et les rencontres. Si leurs enfants sont déjà suffisamment grands pour leur permettre de voyager en amoureux – le plus jeune a vingt-deux ans –, les ordinateurs en panne continuent d'appeler au secours l'ingénieur informatique Juan et, à l'hôpital, les cancéreux d'attendre leur professeure de yoga Suzanna pour vivre paisiblement leurs derniers mois.

En vérité, je ne parle qu'à Suzanna, assise avec mon sac à dos et moi sur la banquette arrière alors que Juan est à côté du chauffeur. Elle est comme ça Suzanna, elle ne s'assoit pas à la place du mort mais elle aime à épauler ceux qui s'en approchent.

Mocoa

Je suis dos à la route qui sort de Mocoa, perdue dans le lointain, lorsque Mauricio l'homme en bleu me touche l'épaule. Tout est bleu en lui, sa chemise, sa casquette, ses yeux, la moto à l'arrière de laquelle il me propose de monter. Ses trente ans aussi légèrement bleutés, légèrement flottants entre deux âges. Même son nom, Mauricio, presque comme *el mar*, la mer ici.

Mauricio a été voyageur comme moi, ses pas l'ont déjà

mené jusqu'en Argentine et il prévoit de visiter Valence, en Espagne, l'année prochaine. Mais en ce moment il reste à Mocoa pour travailler. Il pratique la médecine traditionnelle et prodigue le *yagé*, ou *ayahuasca*, à ceux qu'il juge dignes de ses bienfaits. Grâce à cette plante, on pourrait voir de l'extérieur certains moments de notre vie, nous permettant de mieux nous comprendre et de connaître notre esprit. Le *yagé* serait devenu une attraction touristique et une occasion pour les voleurs, violeurs et autres oiseaux de mauvais augure de donner aux touristes une drogue qui leur fasse tout oublier. C'est pour ce genre de motifs que Mauricio trouve que les Colombiens sont certes très méfiants, mais non sans raison. L'autre projet qu'il mène est de cultiver des avocats, papayes et citrons bio, et de donner des conférences à ce sujet à l'université. C'est un engagement prenant, un sacrifice aussi, car ici les mains calleuses sont très mal vues et rebutent les femmes de son entourage.

Mauricio l'homme en bleu va sept kilomètres plus loin que sa maison pour me déposer dans un endroit propice.

El Pepino

Dans une petite voiture rouge, un couple d'Indiens, Luisa et Marino, va d'El Pepino, Le Concombre dans notre langue, à Sibundoy pour voir son père à elle et beau-père à lui, atteint d'un cancer. Tout au long de cette route je les accompagne. Route de cent kilomètres environ, au bord du précipice, non goudronnée, traversée par des ruisseaux. Trois heures. On entend constamment le crépitement des cailloux sous les pneus. Route qui s'appelle *el tampolín de la muerte* à cause de tous les virages serrés et passages étriqués qui provoquent de nombreux accidents, surtout par temps de gel.

Luisa et Marino appartiennent à la tribu des Inga et plus précisément aux Musuru Nacula, les Hommes Nouveaux dans le dialecte inga, dérivé du quechua. Si mon oreille ne m'a pas trahie, « Coucou ça va ? » se dit « *¿ Puangi ?* », « Ça va bien » se dit « *Allilla* », « Où vas-tu ? », « *¿ Maimata ricungi ?* », « Je vais au grand village », « *Rituri atun iall tama* » et « Merci madame », « *Payi mamitay* ».

Jusqu'il y a peu, ils habitaient San Antonio, mais la crue du fleuve et le détournement des aides internationales versées au gouvernement les ont poussés à emménager à El Pepino, avec peu d'objets mais beaucoup de coutumes : le port de la tunique noire à ceinture colorée, l'artisanat et la musique que pratiquent Marino, son frère et son père, la construction typique, la médecine ancestrale. Le *yagé* aussi, qu'ils préparent en infusion, à mi-chemin entre médecine et religion, et qu'ils ne consomment plus si souvent depuis la mort de leurs grands-pères, tous maîtres du *yagé*. Traditionnellement, le *yagé* est bien plus qu'une cure, c'est un rituel qu'il faut être habilité à administrer, pour lequel on doit se préparer pendant au moins trois jours de silence et qu'il n'est sage de prendre qu'avec une personne dont on connaît le cœur. Ils me racontent qu'un jour une femme aurait tenté de mener le rituel en répétant les gestes et chants qu'elle avait vus chez don Hilario, l'un des grands-pères, et que cela lui aurait tordu la bouche. Seul don Hilario a pu par la suite remédier à la déformation.

Malheureusement, toute cette culture dont ils m'ont parlé se meurt peu à peu et perd en attractivité aux yeux de la jeunesse. Pour faire face, Marino et Luisa essaient de la moderniser et de s'ouvrir au monde, notamment en commercialisant leur artisanat en ligne. C'est dans ce but que leur fille, non pas celle de dix-sept ans ni celle de dix-neuf mais celle de vingt et un, étudie le commerce international et cherche à apprendre l'anglais, mais elle n'a encore élucidé ni le où ni le comment. Ils espèrent aussi, grâce à cette initiative, démontrer au gouvernement que les indigènes peuvent gagner de l'argent, être autonomes et ne pas représenter uniquement un coût pour la sauvegarde de leurs territoires et de la culture.

Au détour d'un virage, une Vierge de pierre blanche à robe bleue apparaît. Luisa souhaite allumer une bougie, Marino n'a pas d'avis sur la question.

Elle est originaire de la montagne, et le froid croissant avec l'altitude a empêché ses ancêtres de fuir éternellement les missionnaires espagnols. À force de maltraitances, d'humiliations capillaires pour qui ne parlait pas castillan, de missionnaires conduits en chaise à porteurs à travers les hauteurs, ils se soumirent et devinrent de fervents catholiques. Luisa me conte cela la voix pleine de regrets, et tient à préciser qu'en réalité ils ne s'étaient pas tant soumis que ça, qu'ils avaient vu grâce au *yagé* que, dans le fond, les catholiques avaient raison, même si certains prêtres abusaient de leur position.

Marino semble plus fier. Il est originaire de la forêt, où la tribu pouvait s'enfouir plus profondément et se cacher. Il y eut malgré cela des viols et d'autres crimes qui compromirent toute relation, jusqu'au jour où l'un des missionnaires, ayant appris trop tard la mort de sa mère pour se rendre à son enterrement, prit le *yagé* dans l'espoir d'entrer en contact avec elle et d'entendre ses dernières volontés. La défunte lui révéla que les indigènes n'étaient pas aussi mauvais qu'on pouvait le croire, que lui et les siens devaient leur parler et les respecter. Les discussions commencèrent alors, et les Inga de la forêt reconnurent l'existence de Dieu sans toutefois adopter les pratiques catholiques. Pour Marino, Dieu existe mais veut que l'on fasse le bien sans demander à être idolâtré.

Malgré ce passé de violences et d'irrespect, Luisa et Marino furent les Colombiens les plus optimistes que je connus, avec selon eux 1 %, oui, un unique pour cent, de gens mal intentionnés dans notre monde.

Sibundoy

De William j'ai presque tout oublié parce qu'il a fini par me proposer de coucher avec lui et que j'ai alors commencé à le détester. Je me souviens quand même de la première impression qu'il m'a faite. J'étais à Sibundoy dans les montagnes, personne ne s'arrêtait, et j'ai vu un petit camion surgir au loin. Tout de suite j'ai pensé : « Ah un camion, c'est la chance qui me sourit enfin ! » Puis, avant de commencer à freiner, il est passé devant moi, j'ai entraperçu sa tête et cru que c'était une camionneuse à l'air assez âgée, comme une grand-mère, avec une tête ronde, joviale. Finalement, ce n'était qu'un homme un peu courtaud qui transportait de l'électroménager et conduisait un véhicule trop vieux aux réservoirs trop grands dans lesquels la pompe n'arrivait pas à puiser correctement. Alors que nous étions donc stationnés en pleine courbe pour transférer le fond d'un réservoir dans l'autre, je lui ai prêté mon couteau pour qu'il puisse raccourcir un tuyau et siphonner l'essence, retenant sa respiration pour maintenir la pression, puis soufflant pour laisser couler le liquide dans le bon réservoir. Même si c'était peut-être nécessaire, qu'il fallait éviter un accident et ne pas s'éterniser là en pleine nuit, je me suis retrouvée dans le noir, au milieu de nulle part, sans défense et à la merci d'un homme qui me désirait et m'avait fait de très explicites avances.

Pasto

Un bord de route comme tant d'autres, une attente légèrement plus longue que d'habitude, et enfin un pick-up blanc aux vitres teintées qui fait halte. Je suis vite déçue et légèrement inquiète, je me demande si le policier qui vient d'ouvrir la portière va me dire que je n'ai pas le droit de faire du stop ici. Et puis je me ressaisis, lui demande où il va, et à son invitation je monte à l'arrière de ce véhicule dont les seules décorations consistent en des gilets pare-balles sur chaque siège et des emballages plastique sur les repose-tête. Il n'est pas seul, ils sont trois.

Ils appartiennent à la brigade de gestion des conflits et travaillent dans tout le département du Nariño, que ce soit à Pasto où ils m'ont récupérée, à Ipiales où ils m'emmènent, ou dans d'autres localités encore. Le conducteur et mon voisin sont originaires de Pasto et portent du vernis transparent sur les ongles. Mon voisin tient fermement un petit livre rouge sous son bras. Ils ne sont pas très loquaces. Le dernier, celui qui m'a abordée, un Bogotanais aux yeux bleus, est bien plus bavard. Il m'explique qu'ils sont en chemin pour une réunion dédiée au démantèlement des cartels, et non pour *una fiesta de policía*, comme j'avais d'abord cru comprendre, provoquant le fou rire général. Pourtant ils font bien occasionnellement la fête au poste, entre collègues, me confirment-ils.

Il me raconte s'être déjà retrouvé dans un affrontement avec des guérilleros, au cours duquel l'un de ses hommes a été tué, un autre séquestré, tandis que lui s'en est tiré avec quelques éraflures sur le dos seulement. Après de telles aventures, il estime à 40 % la proportion de ses compatriotes qui seraient mal intentionnés. D'un autre côté, il a aussi vécu des expériences plus heureuses, comme le jour où, appelé pour escorter une femme enceinte de la région dangereuse où elle habitait jusqu'à l'hôpital, il la trouva en train de descendre la montagne en tuk-tuk et la transféra dans le fourgon de police, où elle n'eut d'autre choix que d'accoucher.

Ou des expériences plus plaisantes : une nuit où, à la suite de l'appel d'habitants que le tapage dans l'appartement du dessus avait mis en colère, il alla sonner à la porte indiquée et fut invité à pénétrer dans un salon rempli de femmes nues.

Les choses se sont-elles réellement passées ainsi ? A-t-il vraiment pu entrer et profiter de cette voluptueuse soirée sans devoir répondre de son absence à un quelconque supérieur ? Sont-ce vraiment les voisins du dessous qui ont appelé la police et non les femmes nues en mal de présence masculine ? Y avait-il des femmes nues ? Faut-il toujours une présence masculine ? Une présence policière ?

*

Je m'apprête à passer en Équateur. Ne plus dire *bolsa*, ne plus dire *bolsa*, ne plus dire *bolsa*. Quand je veux dire *bolsa*, dire *funda*. Quand je veux dire *bolsa*, dire *funda*. Quand je veux dire *bolsa*, dire *funda*. Ne pas oublier.

Ici en Colombie et ailleurs dans le monde hispanophone, *bolsa* veut dire sac, plastique en général, *sin bolsa por favor* ça sert souvent, mais en Équateur, *bolsa* veut dire couille. Je précise qu'ici et ailleurs en revanche, *funda* ne veut pas dire couille mais étui, taie, housse.

De même, mais il y aurait bien d'autres exemples, en Colombie, *la hora pico* veut dire l'heure de pointe et *a las cinco y pico* à cinq heures et quelques, alors qu'au Chili *el pico* c'est la bite, là-bas un *pito* est un joint tandis que c'est une bite en Argentine et *cachondo*, drôle en Espagne, signifie excité au Chili…

Je me demande s'ils ont fait exprès, juste pour faire rougir l'innocent/ignorant voyageur, de brouiller le sens des mots liés au sexe.

C'est ce que j'aime en espagnol, qu'il varie tellement selon le pays dans lequel on se trouve, qu'il y ait des mots dont la définition change, d'autres qui n'existent tout simplement plus, des expressions qui ne se comprennent que dans un contexte géographique, historique, social, culturel précis et qui ne s'emploient donc pas partout. J'aime cela, le fait que l'on puisse parfois construire une phrase entière sans aucun mot de castillan, et aussi les différents accents, et aussi leur façon de se singer les uns les autres, de se moquer de leurs habitudes langagières.

Ipiales, Équateur

Un couple avec un bébé passe récupérer leur autre fille à l'école. Celle-ci mange une glace à côté de moi et en met partout, sur la veste de son père, sur le siège devant elle. Ils me proposent de rester quelques jours dans leur ferme, mais ma destination est autre.

Tulcán

Un homme d'une petite trentaine d'années aux yeux globuleux et dont les cheveux sont longs et très gras va chercher un tracteur à San Gabriel. Il me dépose à l'entrée du village.

Entrée de San Gabriel

Le même homme revient. Le tracteur était introuvable, il décide de continuer encore quelques kilomètres, jusque chez sa mère au milieu de nulle part.

Au milieu de nulle part, pas très loin de San Gabriel

Une voiture rouge flambant neuve à l'intérieur en cuir tout aussi rouge pétant roule et vire dans les montagnes, conduite par un quinquagénaire terrifié par les drogues. Pendant tout le trajet il me demande si j'ai de la marijuana sur moi, m'avertit que si oui cela pourrait lui retomber dessus en cas de contrôle. Je lui garantis que non, il se calme, puis me redemande, et je répète la même chose. Il ne me croit jamais vraiment, et dans tous les cas, que j'en aie ou pas, il veut s'assurer que je n'en fume pas, et l'alcool aussi tant qu'à faire, mieux vaut ne pas en boire. Et surtout pas de bière, cela ne sied point aux femmes.

Ilumán

Javier m'a tout de suite paru dégoûtant. La cabine du camion était recouverte de tapis vert fluo à poils, il y avait quelques bouteilles vides qui jonchaient le sol, et lui qui vociférait insultes et jurons dans son téléphone sans trop se préoccuper de moi. Il m'a semblé que tout tournait autour de ses problèmes financiers. Il venait d'Atuntaqui, que je me suis immédiatement imaginé – honte à moi de généraliser de la sorte – comme un village peuplé de gens petits, gros, sales et bruyants, et allait à El Oriente, souhaitant que je l'y accompagne. Puisqu'il passait d'abord par le sud du pays pour y chercher une cargaison de bois, il a toutefois convenu que ce serait un détour inutile pour moi et qu'il valait peut-être mieux que j'aille, comme prévu, à Quito, même si lui regretterait mon absence. Désolée Javi ! En plus tu m'as dit que tu ne pouvais même plus compter sur la compagnie de Vénézuéliens, que la police t'enlèverait des points de permis si tu transportais des passagers dans ta remorque. Et puis bon, dans la remorque ils t'auraient pas vraiment tenu compagnie.

Au bord de la Panaméricaine, dans le gris des environs d'une grande ville comme Otavalo, après m'être fait remonter les bretelles par un conducteur de taxi éconduit par mes soins, je n'attendais plus grand-chose de ma bonne fortune. Dans ce cas, pourquoi pas Javier ?

Il était un ex-chauffeur de bus à Ibarra, lassé par le volume horaire et le nombre de ses supérieurs hiérarchiques, ainsi que l'ex-mari d'une certaine Lijia à laquelle faisait référence le L dans le cœur tatoué sur sa main droite, et semble-t-il l'ex-père de quelques enfants, cinq après réflexion. Il participait aux dépenses de chacun et ne savait pourtant rien des trois derniers, sinon que l'un irait étudier à l'étranger l'année suivante, sans avoir d'idée plus précise quant à où dans le vaste étranger. Il paraissait en revanche fier du cinquième qui était sur le point de *jurar a la bandera*, soit « jurer au drapeau », une cérémonie d'allégeance patriotique à laquelle sont obligés de participer tous les élèves qui passent leur bac.

Javier n'avait pas l'air de beaucoup croire aux relations humaines en général, il soutenait aussi – peut-être influencé par le morceau de cumbia *El Siete*, ai-je compris plus tard – qu'il y a sept femmes pour un homme sur terre. Donc, si j'avais un copain, je ne devais pas m'attendre à ce qu'il me reste fidèle car ce n'est pas ce pour quoi les hommes sont faits, m'annonça-t-il.

Selon l'Ined, on serait plutôt à cent deux hommes pour cent femmes en 2017, soit 1,02 homme par femme. Cinquante femmes pourraient donc avoir un homme chacune ainsi qu'un homme qui tourne entre elles. Donc un homme personnel et une fois tous les cinquante jours deux hommes. Un homme, lui, aurait 0 virgule 98 milliards 39 mille 216 femme pour lui, soit une femme pour lui seul pendant 98 milliards 39 mille 216 jours puis pas de femme pendant 1 milliard 960 mille 784 jours, soit une femme pendant toute une vie car il n'y a pas 98 milliards de jours dans une vie, ce qui laisserait 2 hommes sur 102 sur le carreau, sans femme pendant toute leur existence. On pourrait aussi bien se placer dans le modèle précédent, celui des hommes tournants, en supposant que chaque homme tourne à fréquence égale. Un homme aurait alors toujours une femme et 0,02 homme pour lui, soit une femme la plupart du temps et une femme ainsi qu'un second homme un jour sur cinquante. Tout cela dans un monde hétérosexuel où l'amour n'a pas d'âge et où hommes et femmes sont également répartis dans le monde. Si l'on voulait penser que l'amour a un âge, on pourrait rassurer un peu Javier et lui dire que l'espérance de vie des individus de sexe masculin étant plus basse, ils seraient en sous-nombre sur leurs vieux jours et pourraient alors devenir polygames. Mais mieux vaut penser que Javier avait tort et n'était pas doué pour les nombres, et donc aussi choisir de ne pas le croire lorsqu'il estime à 30 % la proportion de gens mal intentionnés autour de lui.

Apogée des mathématiques ?!

Il était comme ça Javier, moitié mal informé moitié mythomane. Par exemple il m'a déclaré avoir étudié les sciences, mais en menant un peu l'enquête j'ai réussi à obtenir que par sciences il entendait sciences humaines puis sciences-humaines-qui-ne-lui-servaient-plus-à-rien-aujourd'hui puis sciences-humaines-qui-ne-lui-servaient-plus-à-rien-aujourd'hui-mais-qui-consistaient-à-étudier-la-nature-les-animaux-et-tout-le-reste. J'ai donc émis l'hypothèse – dans ma tête, pas à voix haute – qu'il n'avait pas étudié quoi que ce soit.

Allez, à plus Javi, prends soin de toi et fais attention que ta copine actuelle ne te trompe pas un jour sur cinquante avec un homme tournant !

Quito

J'ai dû prendre l'avion pour raison de santé et rentrer en France, pas de stop donc. Deux amis ont un jour essayé l'avion-stop, pas l'once d'une possibilité, m'ont-ils dit, je les ai crus, et un jour, pour éviter la pollution aérienne au lieu d'esquiver les océans, je deviendrai mousse sur un voilier, je ferai du bateau-stop : je tiens de source sûre que cela, en revanche, existe.

Lima, Pérou

Le long de la Panaméricaine, aux abords de Lima, il y a une multitude de vendeurs ambulants. Notamment une dame qui propose du maïs avec du fromage. Aux environs de quinze heures, une voiture s'y arrête. C'est un couple sur le retour d'un déjeuner à la capitale, la femme s'appelle Ana, a travaillé toute sa vie dans un entrepôt de couture et passe aujourd'hui le plus clair de son temps à cuisiner. L'homme s'appelle Braulio, comme Braulio Castillo, l'acteur de *telenovelas*, mais lui était électricien. Maintenant qu'il a pris sa retraite, il est guide dans le parc naturel de Paracas et parfois dans d'autres lieux touristiques de la région, telle l'immense demeure San José où vivaient une grande famille et ses nombreux esclaves. Cette nouvelle occupation le distrait, il aime à rencontrer des gens nouveaux et à leur raconter des histoires.

Ana est à peine plus âgée que lui. Quand ils sont tombés amoureux, il avait vingt-cinq ans et elle vingt-huit, et étant respectivement originaires de Cuzco et de Lima, ils se sont installés à Pisco, à mi-chemin, juste après leur rencontre. Là-bas ils ont eu deux filles, l'une qui habite aujourd'hui à Lima et l'autre, avec son fils, à Madrid. Ana est déjà allée lui rendre visite, sans son mari.

Sur la route, ils écoutent du reggaeton, et bien qu'elle préfère largement la cumbia et la salsa, elle ne dit rien. Entre eux se balance un petit personnage fait de graines de *huayruro*, rouge et noir. Il éloigne d'Ana et Braulio l'envie et les ennemis.

Ils traversent de grandes étendues de sable, désertiques, et les seules variations dans ce paysage sont les gigantesques inscriptions dans le sable, « untel, maire 2018 » – sont-ce les célèbres géoglyphes de Nazca qui les ont inspirés ? –, et des centaines de maisons en brique privées de toit, jamais terminées. Elles furent bâties sur des parcelles sans propriétaire pour marquer un territoire qui, au bout de dix ans, appartiendrait au constructeur de ces enceintes inhabitées. Alors, il pourra revendre le terrain et empocher le bénéfice.

Au moment où Ana et Braulio s'arrêtent au stand de la sortie de Lima, ils se font aborder par une jeune auto-stoppeuse qui souhaite aller à El Carmen, district afro-péruvien de la ville de Chincha Alta. Il se trouve que c'est justement sur leur route, ils acceptent donc qu'elle monte à l'arrière et lui offrent un épi de maïs aux grains plus gros et à la couleur plus verte que ceux auxquels elle est habituée.

El Carmen

Alors que j'explique à un taxi qui s'est arrêté à la vue de mon pouce que je ne peux pas payer ses services, un autre taxi s'arrête juste derrière. Il fait la queue pour moi !

Celui-ci n'est pas inoccupé, dedans se trouve Narda, une femme d'une soixantaine d'années aux yeux bleus, sourcils épilés et redessinés et à la teinture blonde, vêtue de manière sportive. Passagère et chauffeur s'accordent et décident de m'emmener jusqu'au croisement avec la grande route. Là-bas ils tourneront à droite, vers Chincha Alta où Narda vit, alors que je continuerai vers la gauche.

Pendant les dix minutes que dure le trajet, elle me raconte que sa fille a aussi voyagé en stop, mais en Europe, et jamais avec des hommes seuls. Moi non plus, je la rassure tout de suite, jamais avec des hommes seuls ! Narda aura le temps de l'appeler pour lui demander, à elle qui connaît mieux la région, des conseils d'itinéraire.

Avant de me laisser descendre, elle arrache une feuille d'un cahier qu'elle avait sur elle, en plie soigneusement une bordure pour la recouper de manière plus propre, cherche un stylo dans son sac et écrit son nom et son numéro de téléphone. Elle hésite à ajouter celui de son mari, renonce et me la tend. « *Cualquier cosa me llamas, es mejor siempre tener a alguien cerca* » : Appelle-moi en cas de besoin, c'est toujours mieux d'avoir quelqu'un pas loin.

L'embouchure sur la grande route de la petite route qui mène à El Carmen

Alors qu'il se dirige vers son nouveau lieu de travail, à Pisco, où il réparera des engins lourds, tracteurs, grues, bulldozers, un dénommé Willi, père d'une unique fille de neuf ans, qui sent le propre et dont les cheveux arrivent aux épaules, s'arrête.

Nous parlons de relations amoureuses et il m'enseigne deux expressions : la première, *quedarse pegados como chicle*, soit « rester collés comme du chewing-gum », et la seconde, *ser como uña y mugre*, soit « être comme un ongle et sa crasse », inséparables. Classe.

Pisco

À nouveau : alors que j'explique à un taxi qui s'est arrêté à la vue de mon pouce que je ne peux pas payer ses services, un autre taxi s'arrête juste derrière ! Il fait la queue !

Cette fois-ci il n'est pas en service, son conducteur, Junior, va simplement passer la journée à Paracas.

Au parc naturel ? je lui demande.

Oui.

Seul ?

Oui, tu veux venir avec moi ?

Non.

Enfin, peut-être pas seul, sûrement avec quelqu'un.

Il est mystérieux sous sa frange un peu longue.

Qui, une fille ?

Quelle fille, il n'y a personne ! ?

Au bout d'un moment, il avoue qu'il y a bien une fille, sa copine. Restait à savoir si elle allait sortir ou non. Ils sont fâchés, ça a l'air grave, je lui demande ce qui s'est passé, il change de sujet.

On verra si elle sort, c'est tout.

Selon lui il y aurait environ 30 % de gens mal intentionnés dans les alentours, parce que au-delà des alentours il ne connaît pas, mais finalement il inclut aussi les gens énervants dedans. Comme sa copine. Qui est fâchée uniquement parce qu'il a trente minutes de retard. Bonne chance alors, Junior !

*

Peut-être Junior était-il resté si réservé parce qu'il avait eu la prémonition que j'étais un *sánguche con palta* – un sandwich à l'avocat sur lequel il suffit d'appuyer pour que tout sorte –, que je saurais difficilement garder ses secrets pour parler sans détour. Peut-être avait-il même eu une vision de moi, quinze ans, quand je me revendiquais « contre l'intimité », rêvant de vivre dans une maison de verre « car se cacher et se croire différent au point de choquer n'est qu'un produit de l'ego », « car l'intimité est comme la pudeur, qui nous fait craindre que l'on ne juge nos corps alors qu'ils ne sont que de simples déclinaisons les uns des autres ».

Peut-être Junior soupçonnait-il enfin que malgré ma prise en compte récente de phénomènes non rationnels, je considérais encore que les secrets, par nature souvent révélateurs ou instructifs – puisqu'ils méritent déjà d'être dissimulés –, pouvaient être éventés tant que cela restait sans conséquence directe pour leurs détenteurs.

Puisque je parle de secrets, permettez-moi d'en révéler un que j'ai gardé vis-à-vis de tous mes bienfaiteurs, colombiens en particulier : je descends directement de l'un de leurs anciens présidents et je suis même pour être précise son arrière-arrière-petite-fille. Et d'ailleurs ce n'est pas un cas isolé, il y en a plusieurs, dans mon arbre généalogique, à avoir occupé ce poste ou d'autres fonctions en politique, et cet été, grâce à mon nom, comme si c'était un passeport, j'ai pu les rencontrer, les héritiers mieux conservés de cette dynastie Holguín, ceux qui savent en perpétuer l'esprit et la grandeur avec plus de bonne volonté.

Comment aurais-je pu leur dire à eux, camionneurs, ouvriers, humbles travailleurs – car ce sont ceux qui s'arrêtent le plus –, que je descends de l'oligarchie colombienne ? Comment aurais-je pu leur dire cela sans qu'ils ne me traitent différemment, sans qu'ils ne me voient comme une privilégiée en quête d'exotisme populaire ?

Ica

Mario parle un peu français, pas mal pour quelqu'un qui ne l'a appris qu'au fil de ses rares échanges avec des touristes. Il travaille dans le bâtiment.

Décidément, y a-t-il des gens sur cette route qui ne sont pas ouvriers ou conducteurs de taxi ?

Sortie d'Ica

Cette fois-ci, c'est un minibus pour vacanciers qui s'arrête, alors que je m'étire le pouce en discutant avec une vendeuse de coriandre. Justiñero, son chauffeur à la veste beige bien ajustée et presque aussi propre que le minibus, me propose de monter gratuitement car il n'est pas en service. Il est accompagné d'un certain Godo, comme dans la pièce de théâtre « absurde » dont nous avons tous les deux oublié le titre – moi en tout cas, lui n'a sûrement jamais entendu ne serait-ce que le nom de

Beckett –, mais cet homonyme à son insu descend à la moitié du chemin, entre Ica et Nazca.

À ce moment-là, Justiñero m'invite à passer devant à son côté, alors qu'un groupe de Péruviens qui, eux, paient sans poser de questions montent à l'arrière. On discute, mais la plupart du temps je ne fais qu'acquiescer en essayant de répondre quelque chose qui fasse sens. Je n'entends pas ce qu'il me dit, il parle très bas et met la musique très fort : de chants grégoriens à Avril Lavigne en passant par U2 et du folklore local.

Nazca

Un chef de chantier travaillant actuellement à la construction d'une école à Puquio et originaire d'Ica se qualifie fièrement de professionnel, sous-entendant par là qu'il avait, contrairement à beaucoup de ses compatriotes, fait des études : *Yo soy profesional.* Il fonce dans les montagnes, j'ai mal au cœur et suis fatiguée, j'évite autant que possible la conversation.

Un petit village très pauvre sur la route

Je salue des enfants qui émergent les uns après les autres d'une espèce de ferme délabrée. C'est leur école. Il y a aussi un voyageur-motard brésilien qui fait une pause et les prend en photo, cela m'horripile. Leur première question porte sur le nom de la monnaie au Brésil, puis ils tentent le coup et demandent s'il a des reales sur lui, pour leur en montrer et avec un peu de chance les leur laisser. Ils me soumettent au même interrogatoire, mais je n'ai pas d'euros.

Puis ils retournent à leur salle de classe et moi à mon bord de route.

Je n'apprends son prénom que longtemps après être montée dans son camion, alors que l'on a déjà cassé la croûte ensemble et parlé de lui, de moi, du Pérou, de la France, de religion, de sa famille, de la mienne. Je finis donc par lui demander, et il me répond Juvenal.

Juvenal comme juvénile ?

Oui, quelque chose comme ça.

Pendant la moitié du trajet, je l'ai pris pour un camionneur, jusqu'à ce qu'il m'explique que non, il se dédie à la vente de véhicules. Ici les emplois sont rares, la plupart des gens doivent s'inventer leur propre moyen de subsistance. Ce camion-ci, il en a fait l'acquisition à Trujillo, sur la côte au nord de Lima, et il espère trouver un acheteur à la foire automobile qui se tiendra le samedi à venir à Cuzco.

C'est aussi l'occasion, alors qu'il habite Lima, de passer dire bonjour à sa ville natale et à sa mère. On y arrivera le soir même, à Cuzco, un peu pour me faire plaisir me confiera-t-il. J'avais bien insisté sur le fait que je voulais absolument y être ce jour-là et que j'étais partie exprès à sept heures et demie du matin, que s'il ne pensait finir la route que le lendemain, je continuerais avec quelqu'un d'autre. En effet, il aurait bien dormi à Abancay pour se reposer de sa dernière nuit blanche, passée à régler un problème de jante cassée, mais aussi pour éviter tout risque nocturne : l'épuisement, le brouillard du sommet des montagnes, la pluie, les ténèbres que ses phares peu efficaces parviennent à peine à percer et les passages parfois très étriqués qui l'obligent à rester parfaitement attentif. Je le vois se concentrer, de profil, avec ses cheveux courts parsemés de blanc, son nez très droit, presque vertical, assez beau. D'ailleurs, à chaque pause que l'on fait, je m'étonne de le voir de face et debout. Il porte un jogging avec des rayures blanches sur les côtés, et marche d'une allure tranquille, posée.

Il y en a eu trois, des pauses. La première, causée par un éboulis, encore. Nous nous arrêtons, allons chacun notre tour pisser dans la nature, il est surpris que je n'aie pas honte comme beaucoup de femmes, et puis nous partageons un fromage et des bananes que je conservais dans mon sac. Les automobilistes sortis de leurs voitures nous regardent, et lui, ravi, s'extasie avec eux de cette Française si bien équipée qui est en train de le nourrir. J'aime bien, l'idée d'être là, en train d'obéir à une montagne. Mais très vite, la route est dégagée.

Lors des deux autres pauses, dans des villages, c'est lui qui m'invite : un jus d'orange lors de la deuxième et des frites accompagnées d'un bouillon au poulet sans poulet ainsi qu'un thé lors de la troisième. Il se procure des cigarettes les deux fois. C'est son vice, il me dit, et il les acquiert à l'unité pour essayer de moins fumer mais le seul résultat est qu'il en achète plus souvent et que cela lui revient plus cher. Il m'en a offert à trois reprises, sans mauvaise conscience car je lui assure que j'ai très rarement envie de fumer et que je ne vais pas m'y mettre pour de bon à cause de lui. On en a fumé deux en plein jour, et la dernière dans le froid nocturne, entrouvrant à peine nos fenêtres pour laisser tomber la cendre.

Puisqu'il me parle de vice, je lui demande s'il est religieux. À vrai dire non, il croit en un Dieu car cela lui semble logique qu'il existe un être supérieur à nous, tout comme nous sommes, selon sa conception des hiérarchies, supérieurs aux autres animaux. Ses fils en revanche sont catholiques pratiquants. Il en a deux, un de vingt-deux et un de dix-huit ans. L'aîné est déjà diplômé et travaille, mais il habite encore chez son père, attendant le jour où il aura les moyens de s'installer convenablement. Le deuxième étudie. Juvenal est content de ne pas avoir de filles car il suspecte qu'il serait trop protecteur et les empêcherait de vivre. Moi par exemple, si j'étais *su hija*, il m'interdirait de voyager seule de la sorte, et surtout de m'aventurer au Chili. Il nourrit une petite rancœur de bon aloi contre les Chiliens, qui se seraient approprié tout ce dont le mérite revient au Pérou : la découverte de la pomme de terre, dont il existe là-bas trois mille variétés environ, le pisco, l'alcool fort typique des deux pays, la région de Tarapacá, gagnée par le Chili lors de la guerre du Pacifique ou guerre du salpêtre à la fin du XIXe siècle, et pour finir le Machu Picchu, dont des entreprises chiliennes détiennent le monopole. Il est tellement fier de son pays et de sa multiplicité ethnique, de sa diversité géographique, de ses climats et écosystèmes variés.

Depuis Nazca, on traverse en effet des paysages magnifiques : des dunes de sable qui paraissent de loin faites de soie, des montagnes de roche rouge, de vastes étendues où poussent quelques plantes et broutent des vaches, vigognes, lamas et alpagas, enfin, ceux qui ne sont pas en train de prendre le soleil au beau milieu de la route.

Il me pose aussi beaucoup de questions sur la France. Il rêverait d'y aller, un jour lointain. Juvenal s'imagine le pays comme une ville gigantesque remplie de gratte-ciel et avec très peu de campagnes, peuplée de blonds aux yeux bleus, célestes trouve-t-il, comme moi. Le progrès, autant dire ! Il compare avec le Pérou, son faible niveau scolaire, déplore la conquête espagnole et maintenant l'américanisation qui ont empêché un pays plein de richesses naturelles de se développer. Il me parle des Incas qui pratiquaient comme les Égyptiens la trépanation, et aussi des *chasquis*, leurs messagers qui parcouraient des milliers de kilomètres à pied pour propager nouvelles, déclarations de guerre, accords de paix, empruntant notamment la route sur laquelle nous roulions alors…

Juvenal parle leur langue, le quechua, et s'attriste en m'expliquant que cette compétence, cette ouverture culturelle, est devenue une source de discrimination.

La crevasse dans laquelle gît Cuzco se profile au loin, il répond à la dernière de mes questions, « Où pourrais-je écouter des groupes de huayno ? », en me donnant le nom d'un bar, l'Ucucus, où vont très peu de touristes. Dans ce bar, je ferai une rencontre étonnante : un Parisien du même quartier que moi, qui connaît mes voisins d'enfance, qui est déjà entré dans l'atelier-logement de mon père peintre à l'occasion des Journées portes ouvertes et que j'ai connu par hasard à Cali, en Colombie, il y a de cela trois mois.

À notre arrivée à Cuzco, il est minuit passé. Ne pouvant se faufiler dans les rues tortueuses du centre-ville avec son camion, il négocie un bon prix avec un taxi et insiste pour que celui-ci me dépose bien devant la porte de mon hôtel. Afin de pouvoir s'en assurer, il note le téléphone du chauffeur et, avant de me laisser prendre mon envol, l'appelle pour vérifier qu'il ne lui a pas menti. Parfois cela peut aider, la surprotection, quand c'est pour quelqu'un d'autre que ses propres enfants !

*

Ils vendent sur le trottoir des gâteaux qu'ils ont cuisinés, des bijoux qu'ils ont fabriqués, des parapluies quand il pleut et de l'eau quand il fait chaud, des friandises dans les zones de circulation alternées, deviennent emballeurs de cadeaux pour Noël, l'un d'eux a l'idée d'être homme-statue et d'autres qui voient son succès l'imitent. Certains jonglent aux feux rouges et les musiciens passent le chapeau dans les restaurants. Surtout, ils revendent des produits achetés en gros.

« Ils », c'est beaucoup de Sud-Américains, comme Juvenal, qui seraient des sortes d'auto-entrepreneurs non déclarés. Ils offrent officieusement les services dont ils sont capables et j'admire l'inventivité et la débrouillardise dont ils font preuve. Je reconnais aussi certains des avantages inhérents à cette condition : pouvoir se lancer facilement et sans honte, gagner de l'argent ponctuellement quand on est jeune, tester le succès d'un produit avant d'ouvrir un magasin, même s'approprier la rue de la sorte.

Néanmoins, habituée que je suis à la Sécurité sociale, je me demande ce qui leur arrive quand ils tombent malades ou qu'ils vieillissent, quand on leur vole leur équipement, quand l'hiver et les crises de toutes sortes surviennent, je vois ces grandes entreprises qui commercialisent de la malbouffe ou des objets peu chers, de mauvaise qualité, qui polluent, aliènent les consommateurs et ont été fabriqués par des presqu'esclaves de l'autre bout du monde, je les vois qui profitent de ces pauvres revendeurs sans avoir à les employer, et je conclus que l'indubitable charme de tout ce désordre cache bien de la précarité et des injustices, que s'ils ne sont pas tenus de travailler par un patron, ils le sont bel et bien par la nécessité.

Cuzco

Pour la première fois depuis des lustres, j'ai de la compagnie : je suis partie camper avec Yeison et Evelyne.

Yeison est un Colombien obèse de vingt-cinq ans qui parle de sociologie et de philosophie d'un ton professoral. S'étant engagé en tant que futur prêtre afin que l'Église finance ses études, il m'avoue sans vergogne qu'en réalité il est agnostique et compte trahir sa parole dès son second diplôme obtenu.

Evelyne est une Chilienne végane de vingt-neuf ans, aux yeux et cheveux obscurs, toute de noire vêtue, absolument mystérieuse. Parfois elle se perd dans ses pensées ou semble absorbée par des détails infimes tel l'agencement des grains de riz dans son assiette.

Tous les trois, nous montons dans un bus pour sortir de Cuzco, jusqu'à Saylla, où la grande route s'est déjà extirpée de la ville. Ils ne sont pas rassurés à l'idée de faire du stop sans avoir vraiment étudié l'itinéraire, mais ils me suivent jusqu'à la Panaméricaine. Là, après quelque vingt minutes, un homme s'arrête et nous demande quelle est notre destination, proposant d'aller un peu plus loin que chez lui pour nous rapprocher, mais je le trouve louche et décline. D'ailleurs, lorsque plus tard il nous dépose dans un petit village, il nous réclame justement de l'argent en prétextant qu'il a fait plus de route par notre faute, et je me charge de le convaincre de nous laisser partir sans payer ni faire d'histoires. En colère, il finira par nous abandonner dans ce village où nous serons contraints de faire comme le commun des mortels, payer une locomotion pour poursuivre notre voyage. Enfin tranquilles, il ne nous restera plus qu'à nous acheter un gros pain rond en attendant donc le passage du prochain bus.

Checacupe

Pleine d'espoir, je suis seule à nouveau, persuadée qu'en l'absence de compagnie la chance me sourira comme toujours. Au bout de longues minutes passées sur la route, au bord du champ dans lequel Yeison, Evelyne et moi avons campé, un camion à remorque s'arrête et un homme descend côté passager, me proposant de m'asseoir à sa place tandis que lui s'installerait dans la remorque. Je refuse, la remorque est tout de même plus romanesque ! Il rigole, me sort l'échelle pour que je grimpe, et je me rends compte qu'à l'arrière il y a déjà deux femmes.

Ce sont des Incas, la mère et sa fille. Les mots qui sortent de leurs bouches édentées sont en quechua. Dans la cabine il y a le père et le fils, ils travaillent en famille et sont en chemin pour aller chercher une cargaison de bois à Sicuani.

Afin de prévenir tout malentendu, j'explique à la fille, qui comprend mieux l'espagnol, que je voyage toujours en auto-stop et fais un peu l'idiote en racontant comment la veille, quelqu'un m'a réclamé de l'argent. Je lui dis que je ne comprends pas, que dans le monde entier le pouce levé est le signe de l'auto-stop, gratuit, fondé sur l'entraide désintéressée. La fille traduit à sa mère. Elles sont étonnées mais mon message a l'air d'être passé. Ensuite elles se remettent à discuter dans leur langue qui m'est inconnue, et les cheveux dans le vent, je regarde les montagnes, mon béret tout neuf dans la main pour qu'il ne s'envole pas.

Sicuani

Je traverse la Bolivie puis ressors par le Chili, toujours en bus. En Bolivie l'auto-stop n'existe pas, les rares personnes qui ne m'ignorent pas exigent de l'argent en échange de leurs services.

Le premier bus que j'ai pris, entre Puno, Pérou, et Copacabana, Bolivie, c'est Porfirio Díaz qui me l'a payé.

Un petit homme de plus de cinquante ans, gros, aux ongles longs taillés en pointe, jaunes et pleins de crasse, me demande si tout va bien en me voyant progresser au bord de la route. Je lui explique que personne ne s'arrête, que je n'ai plus d'argent, que ma carte bleue ne fonctionne pas dans les distributeurs au Pérou, qu'il faut absolument que je passe en Bolivie avant la fermeture de la frontière. En retour, il me raconte qu'un jour il a rencontré un autre voyageur à qui on avait tout volé : il lui a donné de l'argent pour le bus et pourrait en faire de même cette fois-ci. Reconnaissante j'accepte, il hèle une moto-taxi – ici et contrairement à celles de Colombie, ce sont des tuk-tuks tirés par des motos –, lui indique que nous allons à la gare routière, et une fois sur place m'y achète un billet. Pendant le trajet, j'apprends qu'il est éleveur d'alpagas, qu'il en a des centaines, six cents environ, qu'il lui est arrivé de gagner des concours du meilleur alpaga selon je ne sais quel critère, concours dont les prix lui ont valu une fois un voyage en Suisse, une autre un voyage en Australie. Il m'informe aussi que si je repasse plus longuement dans les parages, je peux le contacter pour visiter son élevage. Voici ses coordonnées : *Porfirio Díaz, +51*********, Alpaquero, Puno, Perú.* Mais je me garderai bien d'aller jamais le voir, car au vu de son comportement – et comme son prénom l'indique par ailleurs – Porfirio Díaz est un porc. Avant que je ne me hisse dans le bus, il m'a proposé de rester une heure avec lui pour cent soles, qui correspondraient à un tarif horaire normal / supérieur, et à mon refus il m'a suggéré de simplement l'embrasser une fois, sur la bouche.

Cette fâcheuse expérience remet en cause ma démarche : voyager de la sorte, avoir besoin de l'aide des gens, agir de telle façon que certains s'imaginent que je serais prête à me prostituer. Ai-je donc l'air aussi perdue ? Aussi désespérée ? Car c'est ainsi que l'on se représente les prostituées, comme des victimes, soit forcées soit perdues et désespérées. Pourtant je ne suis ni l'un ni l'autre, je sais où je vais, j'ai choisi d'avoir besoin d'aide, choisi d'expérimenter la bonté des gens, d'être suffisamment incertaine pour saisir les possibilités impromptues qui apparaissent, pour suivre des inconnus dans un segment de leur existence, pour laisser place à l'inattendu, à l'incongru. Mais eux, les porcs, ne voient rien de cela. Ils voient quelqu'un d'égaré, un corps dont ils pourraient disposer. Et moi, qui ne suis ni égarée ni prête à me vendre sexuellement, j'apprends à dire non et à continuer mon périple sans me sentir sale ou coupable, sans en être affectée.

*

Sur le lac Titicaca, au large de Copacabana, se trouve un îlot sur lequel de nombreux touristes vont passer une journée, profiter de la vue, des ruines et satisfaire leur fascination pour les « indigènes » : cette île, l'île du Soleil, est peuplée d'Aymaras.

Suivant un conseil, je m'embarque aussi sur un bateau en direction du petit port, qui accueille les visiteurs avec deux imposantes statues représentant des autochtones, et me mets en quête de la plage Nord, où l'on m'a assuré pouvoir trouver en toute saison d'autres voyageurs en train de camper. Je cherche et bientôt le désenchantement survient : la plage Nord a été fermée à la suite de conflits territoriaux entre deux tribus, les voyageurs campent désormais au sommet de l'île, environ trois cents mètres plus haut que les quatre mille mètres d'altitude où je me trouve déjà.

Je n'ai pas le choix, il faudra bien que je dorme quelque part, alors je gravis la montagne, l'air se faisant toujours plus rare, mes quinze kilos plus lourds que jamais sur mon dos. Puis je tourne en rond sans voir de tentes, demande à plusieurs personnes où les voyageurs campent généralement, les réponses sont vagues et je finis par trouver un morceau d'herbe aplati aux côtés duquel se trouvent les restes d'un feu de camp.

Je camperai donc seule. J'installe ma tente, mon duvet, mon tapis de sol, mange quelques fruits et avance dans ma lecture de *Voyage au bout de la nuit*.

Dans ce nouveau chapitre, le narrateur Bardamu raconte comment il s'est expatrié en Afrique, dans une colonie, pour échapper à son destin de soldat et comment, là-bas, traité en moins-que-rien, il a absurdement été envoyé gérer un commerce vide en plein territoire indigène et hostile. Chaque nuit il dormait mal, apeuré, sans cesse réveillé par des bruits de tambours et des chants, par des mouvements d'animaux dans le noir, à quelques pas de sa frêle cabane.

En refermant le livre, poussée par l'inquiétude, je

décide, même s'il n'est pas plus de dix-neuf heures, de me coucher immédiatement pour que la nuit passe plus vite.

Quelques bruits d'animaux m'empêchent de trouver le sommeil, mais je finis par m'endormir. Plus tard, à mon grand désarroi, quelque chose me réveille dans le froid glacial. Je tends l'oreille et au loin je les entends. Les tambours. Les flûtes. Les chants. Où suis-je ? En Afrique ? Qui suis-je ? Bardamu ?

Le lendemain, je vois un homme se baigner nu dans l'eau glacée du lac, en sortir, enfiler un poncho en peau de lapin, poser une couronne de fleurs sur ses longs cheveux blonds, puis venir vers moi. Il est chamane et argentin, attend aussi le bateau du retour, et la veille au soir il a assisté à une cérémonie aymara au cours de laquelle un lama a été sacrifié à la Terre Mère. Son poitrail a été ouvert, son cœur extirpé est passé de main en main, puis il a été enterré au centre du cercle.

*

Ils adorent toutes ces cérémonies et traditions, les trouvent merveilleusement authentiques, et malgré l'horreur qu'elles provoquent parfois, ils y défendent quelque chose de sacré et d'intouchable, comme une pratique mystérieuse à préserver. Chez eux, ils sont progressistes et en faveur du respect des peuples autochtones, ailleurs ils deviennent conservateurs. Ils, les touristes occidentaux.

En cela, ils se comportent toujours en colons qui, pensant bien faire, cherchent à imposer une identité aux autres, tentant de figer leurs traditions dans le temps comme si elles avaient parcouru les siècles voire les millénaires sans évoluer, comme si elles n'avaient pas, contrairement aux nôtres, le droit d'être critiquées et remises en question. Comme si leur existence, déjà souvent menacée, méritait en plus d'être cantonnée à une simple réplique de leur passé dans un monde qui, lui, bouge.

San Pedro de Atacama, Chili

Je suis enfin de retour sur les routes, seule bien que j'aie failli repartir avec un enfant sur les bras : à Copacabana, en me promenant, quatre femmes incas en train de tisser de petites décorations en laine me saluent, me renseignent sur mon chemin et me désignent un enfant de cinq ou six ans au visage rond inondé de larmes. Selon elles, il s'est perdu, nul ne sait à qui il est et je peux le prendre si j'en veux. Apparemment, elles ont longuement essayé d'apprendre qui et où sont ses parents sans obtenir de réponse de sa part, et alors que je m'étonne et lui demande si c'est vrai, il me montre l'une des femmes d'un doigt accusateur, sa mère. Les quatre complices éclatent de rire et m'expliquent que l'enfant n'a pas été sage, d'où la blague.

Ainsi terminai-je seule sur cette route, avec certes un

peu d'appréhension car j'avais entendu plusieurs histoires de voyageurs, hommes en général, coincés plusieurs heures voire jours dans le désert sans que personne ne s'arrête, mais mon cœur reste léger.

Alors que les maisons commencent à se faire rares et la route plus large, j'aperçois au loin un petit point noir qui avance en gesticulant, poursuivi par trois autres points noirs plus petits encore, qui eux aboient. C'est Johnny, un habitant de San Pedro. Il fait du stop sans réussir à empêcher ses chiens de l'accompagner. Mais à ce moment-là je ne sais rien de tout cela, et je m'inquiète. Le premier auto-stoppeur qui croise mon chemin va-t-il se faire manger par des chiens errants avant même que je ne le rencontre ? Et s'il parvient à s'en débarrasser, ne vont-ils pas s'en prendre à moi après ?

Bien qu'absorbée par ces suppositions peu rassurantes, je n'oublie pas de tendre mon pouce dès qu'un bruit de moteur se fait entendre dans le lointain, et avant de pouvoir rattraper Johnny, la camionnette blanche de Leo fait halte à ma hauteur. Je monte et m'empresse de lui expliquer : « Le gars qu'on voit au loin il était là avant moi, et il y a pas grand monde qui passe dans le coin. Vous vous seriez certainement arrêté pour lui si j'avais pas été là, non ? Moi je peux me serrer, comme ça il reste un peu d'espace et on le récupère aussi ? »

Leo n'y voit aucun inconvénient, il va s'arrêter pour le point noir qui s'est d'ailleurs transformé en sombre silhouette, puis en humain chargé d'un sac à dos informe entre-temps. Celui-ci décline mon offre de monter avec nous et préfère s'allonger à l'arrière, par terre : il n'y a pas de sièges, Leo transporte habituellement plutôt du courrier que des passagers.

À peine installé, Johnny, très bavard, nous met au courant de sa situation : les trois chiens étaient les siens et cela lui fend le cœur de devoir les laisser de la sorte en plein milieu du désert. À propos de chien, il est extrêmement fatigué car la veille il s'est fait mordre la cuisse et a dû passer la nuit à attendre des soins à l'hôpital, tout cela en vain puisqu'on ne lui a donné que des antidouleurs et des anti-inflammatoires. C'est vraiment une honte cet hôpital, d'ailleurs il va nous laisser pour piquer un somme.

Leo est timide, cela se voit dans son regard bleu, et pendant la tirade de Johnny il ne dit mot. Maintenant il sourit de ses lèvres pulpeuses, puis nous rions, ses cheveux châtains s'agitent et sa pomme d'Adam prononcée se soulève. Son grand-père était allemand, m'apprend-il, et c'est de lui qu'il tient ces caractéristiques physiques. Il me propose une cigarette, que j'accepte. Je lui demande ce que veut dire Dagmar, ce mot qu'il a tatoué en grand sur son bras gauche, avec le D en majuscule anglaise et le tout en italique. C'est le nom de sa fille. En hébreu, cela signifie « Jour heureux », me précisera-t-il aussi après m'avoir simplement dit, au début, que ce n'était pas un prénom qu'il avait inventé, qu'il existait déjà.

Si jamais il a un deuxième enfant, il se tatouera son prénom sur l'autre bras, mais pour le moment ce n'est pas prévu : cinq ans auparavant, sa femme a mis fin à une relation de huit ans et depuis lors, Leo est resté célibataire et ravi de l'être.

Nous interrompant, un tourbillon de sable de deux mètres de haut traverse la route et va se perdre dans le désert. C'est fréquent, complètement banal, j'apprends, ça a même un nom, *remolino*, mais moi je m'extasie.

À l'horizon commencent aussi à se profiler les contours d'une ville. D'où l'on est, on a l'impression que les maisons sont noircies et dégagent de la fumée, comme si toute la ville avait récemment brûlé. Mais en s'approchant on se rend compte qu'il n'en est rien, qu'elles sont blanches comme partout ailleurs. Un autre effet du désert, j'imagine.

Cette ville, c'est Calama, où a toujours vécu Leo. Bientôt, en janvier, il poussera jusqu'à Temuco, à plus de mille cinq cents kilomètres au sud, les limites du territoire qu'il connaît. Il souhaiterait aussi y emmener Dagmar, mais son ex-femme estime que c'est trop loin et ne veut pas même en entendre parler. Jusqu'à présent, il n'est jamais allé plus au sud que La Serena, pas même à Santiago dont il n'a aucune envie de respirer la pollution.

Nous réveillons Johnny afin de savoir où il souhaite descendre. Il cherche à rejoindre le terminal de bus pour poursuivre sa route jusqu'à Antofagasta en étant certain d'arriver avant huit heures ce soir, mais je le convaincs de faire ce trajet en stop avec moi et lui assure que c'est bien souvent plus rapide que les transports en commun.

Il accepte, Leo nous dépose alors à la sortie de Calama, devant la statue qui symbolise la ville : un homme aux allures de robot, un soleil dans une main et un morceau de cuivre dans l'autre, en référence à la chaleur du désert et aux nombreuses mines de cuivre de la région.

Calama

Johnny mange, dans un stand au bord de la route, un *completo*, hot dog chilien surdimensionné, abondamment garni d'une saucisse, de tomates, d'avocat et de diverses sauces. Moi je mange un *completo incompleto*, sans saucisse, et apprends à cette occasion que la technique pour ne pas en perdre la moitié par terre ou sur son t-shirt est de le garder toujours bien horizontal.

Tout comme je l'avais prédit, quelqu'un s'arrête très rapidement, nous laissant de justesse le temps d'avaler notre dernière bouchée. Cette fois-ci, notre bienfaiteur s'appelle Hernando, et il est en chemin pour Santiago, de retour de Calama qu'il déteste, parce que les seules choses qu'il y trouve sont du désert et un soleil de plomb. Il rentre donc chez lui, son contrat ayant touché à sa fin. Son travail, professeur de conduite pour engins lourds, le mène toujours aux quatre coins de l'Amérique latine, parfois dans des endroits plus à son goût que d'autres.

Vient notre tour de nous présenter : nous sommes une voyageuse française en année sabbatique et un habitant de la région allant récupérer sa bicyclette oubliée chez un ami à Antofagasta. Pas un couple, non, seulement des connaissances de fraîche date et des amis en devenir.

Johnny éclaircit encore sa situation professionnelle. Il a vingt-sept ans et a déjà exercé maints métiers : mineur, manutentionnaire dans un port, ouvrier. Aujourd'hui il est employé d'hôtel, demain il organisera des fêtes pour enfants. Il en change au gré de ses envies ou des occasions. Par exemple, son travail au port, il l'aimait bien, il s'y était accommodé grâce à l'aide d'un compagnon qui, le premier jour, le voyant petit à petit s'affaisser sous des sacs de sucre qu'il devait décharger d'un conteneur puis charger dans un camion, prêt à abandonner et même à mourir sur-le-champ, lui avait montré la meilleure manière de soulever les sacs, de les porter, puis de s'en délester. Il s'y plaisait donc, y entretenait de bonnes relations, mais il voyait bien qu'au port tout le monde avait femme et enfants et qu'il finirait par faire de même s'il s'éternisait. Tôt ou tard il allait s'amarrer à quelqu'un, à un foyer, et dans quelques décennies, alors qu'il serait grand-père, ses petits-enfants lui demanderaient « Pourquoi n'as-tu pas voyagé, Papi ? », et il n'aurait rien à répondre, rien à raconter. Alors il est parti quelque temps, a fait le plein d'histoires, puis il est revenu, a trouvé un emploi dans l'hôtel d'un ami et a repéré, avec un autre ami, une salle où ils projettent d'organiser bientôt des fêtes d'anniversaire.

Après ces explications, Johnny et Hernando se mettent à parler de mines, de ports, de la guerre du Pacifique, dont l'enjeu était les mines de salpêtre de l'ex-sud du Pérou devenu l'actuel nord du Chili, d'à quel point le Chili ne fabrique plus rien et ne fait qu'exporter ses matières premières, dépendant autrefois du salpêtre, aujourd'hui du cuivre et du bois, bientôt du lithium, tout cela en espérant que le jour où il ne restera plus rien ne s'annonce pas trop vite.

Tous les deux débordent d'assurance, mais de façon opposée : Johnny est bavard et a toujours quelque chose à dire sur tout, tandis qu'Hernando attend patiemment son heure, la pause dans le discours de son interlocuteur, le moment où il va embrayer sur autre chose, pour faire une remarque ou développer un sujet. Il s'exprime de façon monotone, dénuée de dynamisme, sans jamais s'enflammer, mais pour autant personne n'ose le couper. Il a la sagesse et la tranquillité de l'âge, de cinquante années de vie qui imposent le respect même aux jeunes pleins de verve et d'impatience.

Au début de leur conversation, j'ai fait un effort pour comprendre et participer, mais l'accent très prononcé d'Hernando et la spécificité des sujets qu'ils abordent m'ont incitée à aller plutôt perdre mes pensées dans les méandres du désert. Je vois les ruines de villages-dortoirs, lieux prétendument hantés par des âmes en peine qui tourmentent ceux qui, éreintés, s'y arrêtent. Hébergements construits pour des mineurs souvent étrangers et maltraités afin qu'ils extraient le salpêtre, un fertilisant naturel dont le Chili et la Bolivie avaient le monopole, ils furent abandonnés dans les années 1920, lorsque l'invention du même composé de synthèse en Allemagne signa la fermeture progressive des mines.

Puis Antofagasta et la mer font leur apparition dans mon champ de vision et me ramènent à des préoccupations plus concrètes : vais-je continuer la route vers Santiago avec Hernando, ou accepter la proposition de Johnny d'installer pour la nuit ma tente, à côté de la sienne, dans la discothèque vide de l'ami à la bicyclette ? Le choix est vite fait, nous descendons dans cette ville dont le nom sur la carte me faisait depuis longtemps déjà rêver.

*

En parcourant la carte du Chili sur internet, j'ai lu bien des noms qui ont attiré mon attention, et le seul où j'aurai été est Antofagasta, dont Johnny et moi avons longuement longé la côte, admirant la mer et le soleil qui, après avoir entamé sa descente vers l'autre côté de la Terre, s'est caché derrière un paquebot noir puis a disparu définitivement.

Les autres endroits, ceux où je n'aurai pas été, sont :

• Pueblecito – Petit Village en français –, trop explicite, il y a anguille sous roche.

• Piedra del Lobo – Pierre du Loup –, moitié mystique moitié guerrier, en tout cas ce nom doit bien cacher une histoire ou deux.

• Las Arañas – Les Araignées –, plein de maisons hantées ? Un mauvais présage intrigant !

• Salsipuedes, soit Sorssitupeux, trop paradisiaque pour réussir à en sortir ? J'ai préféré ne pas m'y aventurer.

• Peor Es Nada, Pire C'est Rien, une expression qui sert aussi à qualifier ironiquement son copain ou sa copine, que j'imagine comme un bled sans intérêt aucun mais qui a au moins le mérite d'en être un.

Antofagasta

Pomponnée et maquillée, engoncée, les seins serrés dans un chemisier rose, Juvitza C. tient fermement le volant de son pick-up rouge et rutilant. Elle va à la mine. Sur cette route qui sort d'Antofagasta, les auto-stoppeurs sont fréquents, mais ce sont souvent des hommes, ouvriers ou mineurs, en route pour leur lieu de travail, et la crainte de se faire agresser maintient son pied bien à l'écart de la pédale de frein.

Moi, visiblement, j'inspire confiance, certains me disent même que j'ai l'air d'un petit ange sur l'autoroute, *un angelito en la carretera*, alors elle s'est arrêtée. Le trajet que nous partageons est très court, dix minutes au cours desquelles elle me fait part de son rêve, découvrir l'Europe, la France, et prend mon numéro en prévision du jour où il s'accomplira. Dans la case prénom de son téléphone elle a entré Iliana et dans la case nom de famille elle a mis Holguín et un espace, puis elle a gardé son doigt suspendu au-dessus du clavier et avec un ton d'évidence m'a demandé « *¿Y el segundo ?* », et moi j'ai dit que je n'en avais qu'un, de nom de famille, qu'en France on ne prenait, sauf initiative contraire, que le nom du père, que si elle voulait tout savoir on prenait même celui de son mari en l'épousant. Juvitza C. a trouvé cela extrêmement machiste, alors je lui ai donné celui de ma mère pour qu'elle l'écrive aussi, Teodorescu.

Sauf que, même quand on a les deux, c'est le premier qui prévaut, et par-dessus le marché on n'a pas vraiment celui du père et celui de la mère, mais celui du père et celui du grand-père maternel, soit que des noms d'hommes. Autant dire que le machisme persiste, déguisé, plus insidieux encore.

Poste de police, sortie d'Antofagasta

Faisant face au poste de police, je fais signe à tous les véhicules qui passent, et réponds par des gestes et des mouvements de tête à ceux qui me font comprendre par d'autres gestes et mouvements de tête qu'ils vont tourner ou sont déjà presque arrivés, à la mine je suppose. Je m'imagine que les policiers, dont je ne distingue que le contour des visages à travers la vitre semi-teintée du commissariat, me regardent et se moquent de moi, font même peut-être des paris sur la durée de mon attente avant que quelqu'un ne s'arrête.

Parmi les véhicules qui défilent en sens inverse, un camionneur klaxonne et me fait comprendre qu'il va bientôt faire demi-tour, me dit de l'attendre. Bien sûr, merci, je réponds. Mais j'attends et attends encore, deux minutes, cinq minutes, dix minutes. Il ne viendra pas, me dis-je.

Malgré quelques scrupules, je recommence à faire signe à tous les véhicules qui passent, et finalement l'heureux élu est Juan dans sa grosse voiture blanche.

Juan est romantique et amoureux, et très rapidement il me parle de Katia en souriant dès qu'il prononce son prénom. Katia est un secret, nous sommes très peu nombreux à être dans la confidence.

J et K sortaient ensemble quand ils étaient jeunes, mais à dix-neuf ans, J l'aventurier s'en va découvrir les Amériques et rompt avec K avant son départ. Après moins d'un mois, il rencontre dans un *hostal* une femme plus âgée qu'il ambitionne de charmer, mais sans s'en rendre compte il ne cesse de lui parler de K. La femme lui demande alors pourquoi il essaie de la séduire s'il en aime une autre, et c'est ainsi qu'il réalise combien il est amoureux de K. Plein d'espoir, il rentre en vitesse la supplier de se remettre avec lui, mais c'est trop tard : elle a tourné la page. J lui dit : « Si je ne peux pas être ton copain, je voudrais au moins être ton meilleur ami », et cette situation dure jusqu'à ce que K lui annonce son mariage, quelques années plus tard. C'en est trop pour J qui prend ses distances et finit par couper les ponts. Pendant dix ans il déprime. Puis, rattrapé par une envie de s'établir, il prend femme et fait deux enfants au passage : une fille puis un garçon. L'aînée est devenue psychologue, voyage beaucoup et se choisit toujours des hommes qui se transforment en fardeaux. Il est justement en chemin pour la voir et rencontrer son nouveau compagnon, mais il ne se fait guère d'illusions. Son fils, qui étudie pour être ingénieur comme lui et travailler dans les mines, ne s'intéresse, au grand désarroi de son père, pas à grand-chose d'autre.

Revenons-en à J. Vingt ans après s'être marié, il s'est séparé de sa femme et a revu K, elle aussi séparée et même divorcée. Et c'est ainsi que recommence leur histoire d'amour, secrète comme s'ils étaient à nouveau adolescents, et adultère car J, lui, n'est pas encore divorcé. Il y a quelques heures à peine, J et K étaient ensemble, dans son appartement à lui à Antofagasta, et il déplore qu'elle ne soit pas là, avec nous.

Selon lui, Katia adore rencontrer de nouvelles personnes, d'autant plus si elles sont étrangères. Mais elle est bien loin déjà, dans l'avion au début de notre trajet, et depuis son appel téléphonique à San Pedro de Atacama, où elle vit.

Juan, lui, habite à plus de mille kilomètres de chez elle, mille cent cinquante-neuf exactement, à La Serena, beaucoup plus au sud, mais il passe la moitié de son temps à Antofagasta pour son travail. Il est superviseur dans une mine et travaille une semaine sur deux. À l'entendre, la mine n'est plus aussi dangereuse que par le passé et n'a rien des mauvaises conditions et des salaires misérables que l'on voit dans les films. Il a beau dire, il a tout de même failli mourir une fois lorsqu'un pan de montagne lui est tombé dessus. Ce n'est que par chance qu'il a survécu, avec rien qu'une clavicule et quelques côtes cassées, ainsi que des hématomes sur tout un côté du corps.

Jusqu'il y a peu, son emploi l'obsédait. Il avançait au rythme dicté par sa montre, incapable de s'en détacher. Perpétuellement préoccupé, jamais détendu, jamais rieur. Aujourd'hui, il me dit s'être enfin libéré de ce stress et s'être donné trois objectifs : être heureux, être tranquille, être libre. Pour être heureux et tranquille il veut se consacrer à Katia et à sa famille : ses enfants, sa mère miraculeusement vivante après avoir survécu à un AVC et aux nombreuses lettres de condoléances de proches déjà prêts à l'enterrer, son frère pasteur évangéliste dont tout le monde s'efforce d'ignorer les opinions religieuses, mais pas son père qui, alors que personne ne prêtait attention à lui, est soudainement décédé au moment dudit AVC de son épouse.

Pour être libre, Juan veut cesser de travailler mais considère que sa vie est déjà ratée, qu'il n'a pas comme moi de bonne aura et de petit ange pour veiller sur lui. Il voudrait retourner en arrière, parcourir le monde. Alors je lui raconte une histoire : celle de Mme J, ma principale de collège qui a pris une retraite légèrement anticipée, a vendu toutes ses possessions pour aller découvrir l'Australie et l'Asie, et dont le voyage se poursuit, quatre ans plus tard. Cela l'inspire, il se met à rêver, il pourrait faire pareil, et même peut-être se laisser pousser les cheveux ! Là par exemple, ils mesurent trois centimètres mais sont déjà trop longs, des cheveux qui traînent peuvent toujours s'empêtrer dans une machine et déclencher un accident, et lui, même s'il n'utilise pas ces machines, doit donner l'exemple aux travailleurs et garder les siens très courts. Il s'autorise cependant une barbe grise qui n'altère en rien l'impression de profonde gentillesse que dégage son visage, et tout particulièrement la rassurante lueur de ses yeux marron.

Ensemble nous traversons le désert, admirant des dunes de toutes les nuances de rouge, marron et orange, et remarquant la présence, au bord de la route, de pierres sur lesquelles sont peints les objets dont elles évoquent la forme : une chaussure, une part de pastèque, un dé. Outre ces sculptures incongrues et divertissantes, la route est aussi parsemée d'*animitas*, monuments aux morts toujours ornés d'une croix et d'un drapeau chilien, parfois aussi de fleurs, de photos, de guirlandes lumineuses, du nom du défunt écrit en lettres gigantesques. Nous passons même devant des véhicules renversés et abandonnés là, au milieu de ces grandes étendues de sable. Étonnamment, lui prend justement cette route aux courbes plus accentuées que celles de la Panaméricaine – dite Route 5 au Chili – pour ne pas avoir d'accident, car il aurait tendance à s'assoupir au volant. Heureusement, il s'en est toujours sorti parce qu'à l'inverse de la plupart des gens son pied se lève de l'accélérateur lorsqu'il s'endort.

Nous nous éloignons un moment du désert pour la petite ville de Taltal, et plus précisément pour un bon restaurant faisant face à la mer où Juan m'invite à déjeuner. Nous y entrons sans qu'il me tienne la porte parce que le féminisme progressant chaque jour dans la société chilienne le fait douter du bien-fondé de la galanterie, et nous y dégustons ce genre de mets tellement savoureux qu'ils ne sont servis qu'en quantité infime accompagnés d'une sauce qui ne sert qu'à décorer l'assiette. C'est une petite folie qu'il se permet, aller de temps à autre dans ce restaurant coûteux pour varier les plaisirs et changer du restoroute auquel il s'arrête généralement. Plus tard, dans un autre registre, il m'achète, malgré mon refus, une barre chocolatée et une bouteille d'eau dans une station-service. Son dernier cadeau sera un couteau suisse original qui traînait dans sa voiture. Il me l'offrira lorsque je lui avouerai avoir comme seules et maigres défenses deux couteaux à la valeur plus affective qu'utilitaire. Trois maintenant, donc. Selon lui il y a aussi 3 % de personnes mal intentionnées parmi ses connaissances – une pour chaque couteau ? – et 10 % parmi la population en général et auxquelles je m'expose sur la route.

Quoi qu'il en soit, Juan n'en fait clairement pas partie, la pire chose qu'il m'ait faite ayant été de me donner de mauvais conseils en amour, me suggérant d'être à son image, plus romantique encore que je ne le suis déjà. Je lui fais aussi écouter des chansons dont les paroles paraissent écrites pour lui, son romantisme et sa rébellion nouvelle contre la monotonie de son existence : *Résiste* de France Gall, *Et si tu n'existais pas* de Joe Dassin. Il n'avait jamais rencontré de Français, ni de Française, mais il m'avait dit adorer les sonorités de notre langue.

En me déposant à Copiapó, à l'orée du désert qui, lorsqu'il a plu davantage que d'ordinaire, se couvre de fleurs, il n'a qu'une seule demande : ne pas oublier de leur consacrer, à lui et à Katia, au moins deux pages de ce que je lui avoue, à la fin du voyage, être en train d'écrire.

*

Ces pourcentages estimés par Juan sont les derniers que vous lirez, il n'y en aura pas d'autres, je ne poserai plus la question à personne. Non par oubli ni par paresse, non, le véritable motif est que je suis enfin arrivée à une moyenne qui sonne bien : en ajoutant mon propre avis – qu'il n'y a, dans le monde tel qu'il s'est présenté à moi, que 1 %, un misérable pour cent, de gens mal intentionnés, qui mettraient par exemple en danger une auto-stoppeuse –, en ajoutant donc 1 % aux pourcentages récoltés outre le mien, soit 30, 80, 20, 1, 30, 30 et 10 –, on considère ici celui de Juan relatif au monde en général et non à son entourage –, on arrive à une moyenne de 202 / 8 ou encore 25,25, soit un quart et des poussières, qui est un nombre plutôt satisfaisant.

Laissez-moi éclaircir d'où je tire mon pourcentage, celui de 1 %. Du constat, d'abord, que sur les automobilistes que j'ai rencontrés au cours de mes différents périples et dont le nombre dépasse avec certitude les deux centaines, deux, mais l'un plus que l'autre – je compte en toute bonne foi celui qui m'a touché la main –, se sont comportés de manière inquiétante. Or, la seconde et principale de ces mauvaises rencontres ne s'est pas produite en Amérique latine mais sur une de nos chères routes françaises. L'homme, qui m'avait récupérée à Paris et promis de m'emmener jusqu'à Chartres, se mit soudainement, après une conversation assez longue et une soixantaine de kilomètres, à se masturber. Pas dans son pantalon mais braguette ouverte, en dehors. Après cinq secondes de choc passées à faire comme si de rien n'était, je sortis discrètement de mon sac mon thermos en métal et une petite bombe au poivre qu'un autre automobiliste, mieux intentionné et surtout préoccupé par ma sécurité, m'avait offerte, puis je lui demandai, interloquée, s'il était bel et bien en train de se branler devant moi et lui ordonnai de me laisser descendre. Il se défendit disant que c'était son habitude au volant, qu'il ne me demandait pas de l'aider, et que tout de même j'avais bien dû voir un sexe d'homme auparavant, supposition qu'il accompagna d'un geste pour exhiber le sien encore mieux. Puis il s'arrêta, et tandis que je m'enfuyais il démarra, trop vite pour que je mémorise sa plaque d'immatriculation.

La deuxième raison qui me pousse à estimer ce pourcentage à 1 est que malgré quelques inexorables rencontres importunes, je suis persuadée que nos congénères sont plutôt bienveillants, que lorsqu'ils adoptent des comportements critiquables ils le font à cause de leur éducation ou d'expériences vécues qui créent des zones d'ombre dans cette bonté, mais que si on a la chance de se trouver hors de celles-ci, de n'être aucun de leurs boucs émissaires, ils nous aideront. Je défends même qu'ils aiment ça, aider, que l'aide apporte à celui qui l'offre quelque chose que n'a pas la transaction vénale, tout comme l'auto-stop a quelque chose qui fait défaut au covoiturage : un don unilatéral, un déséquilibre.

Celui-ci donne lieu à des sentiments qui n'existeraient pas sinon, des sentiments inédits, à des points d'accroche qui facilitent la naissance d'un rapport humain. De la reconnaissance et une disposition à parler chez celui qui est aidé, et dans le cas de l'auto-stop, de la surprise et donc de la curiosité, du rêve face à la condition de voyageur, une envie d'apporter tout le soutien imaginable, de protéger l'autre, chez celui qui aide.

Malheureusement, je constate que les opportunités d'aider spontanément se font de plus en plus rares. Il faut souvent s'y prendre à l'avance, mettre des annonces, chercher une association, se renseigner sur son compte, s'y inscrire, aller à des réunions, s'engager sur le long terme, c'est compliqué et on finit par oublier qu'elles existent : la solidarité, les faveurs désintéressées. On se méfie, trouve cela suspect, de vouloir donner sans rien recevoir, on se sent gêné d'accepter tout simplement un cadeau, une main tendue. Mais seuls et sans toutes les machines qui depuis peu nous entourent et épargnent un temps de travail phénoménal, nous ne serions bons à rien, c'est pourquoi l'idée de ne pas avoir besoin d'aide me semble contre nature. Et moi-même, qui le clame haut et fort, je l'oublie parfois. Quand je reste immobile, dans un quotidien parfaitement organisé, et l'auto-stop est alors une façon de rattraper ce souvenir qui s'envole et qui s'en va, ne laissant à sa place que méfiance et rejet : le vrai danger n'est ni l'auto-stop ni les couleuvres animalesques, mais les couleuvres statistiques que l'on essaie sans succès de me faire avaler.

FIN DES NOMBRES,
MONOPOLE DES MOTS

Sortie de Copiapó, station-service

J'admire la longue queue qui s'est formée devant les pompes à essence et choisis ma victime, un pick-up rouge, typique véhicule du mineur. Ses deux occupants acceptent de me faire une place à l'arrière et je grimpe. Il y a un Cristian qui conduit et un autre Cristian à côté. Tous deux sont vêtus d'une chemise gris clair moulante et d'un pantalon gris foncé aux multiples poches. Entre eux, deux bouteilles d'un même soda orange, posées symétriquement. Ils travaillent ensemble, de mine en mine, dessinant des plans d'extension.

Le temps passant, les mots se succédant, des différences apparaissent : Cristian-d'à-côté est brun, grand, mince mais musclé, il a un air un peu crispé lorsqu'il se tourne pour me parler, il a trente-cinq ans. Cristian-qui-conduit est plus petit et rond, joufflu, blond aux yeux bleus et bien plus timide, il a vingt-huit ans et n'a commencé à travailler que cette année. Le premier, lui, est mineur depuis bien longtemps déjà et a récemment ouvert un « salon de café » à La Serena, attendant qu'il soit plus rentable pour s'y consacrer à plein temps. Il a suivi des formations dans le but d'apprendre à préparer la boisson de manière savoureuse, il juge l'offre de bon café très faible au Chili. Il esquisse aussi des motifs dans la crème à la surface des tasses et en publie des photos sur Instagram. Je découvre que les stars du réseau social, appelées influenceurs, vont fréquemment déjeuner ou prendre une collation là où on les invite, en échange de quoi elles postent une photo avec le nom du commerce.

Le lendemain, j'appelle Cristian-d'à-côté depuis la plage pour lui demander s'il est dans son café. Il ne s'y dirigera que dans quelques heures mais fera un léger détour pour passer me chercher en voiture. Là-bas, il m'offre une tasse de café accompagnée d'un petit gâteau végan fait par sa belle-sœur, et une fois cette dégustation achevée, il me propose à plusieurs reprises de me ramener chez moi, laissant entrevoir l'attirance qu'il ressent à mon égard et qu'il dissimulait jusqu'alors sous un ton mielleux. Finalement il me laissera partir seule mais me rappellera deux minutes après mon départ pour insister encore, attisant ma méfiance et mes suspicions.

Mais avant cela, avant le basculement dans la déception, nous parlons de leur travail, de la mine qui doit, selon eux, ressembler à Paris, fourmillante de gens du monde entier et de différentes cultures, de leur chef qui manque cruellement de compréhension et d'empathie lorsqu'il exige leur présence dans les bureaux de La Serena dès le matin suivant leur retour, oubliant de compter les innombrables heures de conduite nocturne comme des heures supplémentaires. Ils commentent ces mots typiquement chiliens qu'ils s'étonnent de me voir connaître, dont *weon* qui est une insulte mais qui sert aussi d'apostrophe en fin de phrase, d'adjectif ou de nom commun, donnant lieu à des phrases comme « *el weon es weon weon* », qui se traduirait par « le type est débile, mec ! », de *soy* qui veut dire « je suis » mais qui remplace aussi parfois *eres*, « tu es ». Par exemple, « *soy muy weon weon* » peut signifier, selon le contexte et l'intonation, « je suis vraiment débile, mec ! » ou « t'es vraiment débile, mec ! ». Ils me font écouter une chanson uniquement composée de phrases de ce genre, dénuée de sens.

Après cet interlude banal, plein d'autocomplaisance, nous passons à leur demande à la chanson française et en particulier à *La Foule* d'Édith Piaf. Je leur traduis les paroles dont ils n'avaient jamais cherché la traduction et ils s'aperçoivent que leur signification diffère de celle de la version originale, *Que nadie sepa mi sufrir*, une valse péruvienne des années 1930.

Plus tard, lors d'une pause *completo*-toilettes, ils m'offrent un sandwich, en mangent deux chacun, puis ils exhibent fièrement, à tour de rôle et sans se concerter, une photo. Sur celle de Cristian-qui-conduit figure son bébé de dix mois, alors que sur celle de Cristian-d'à-côté c'est son chien qui prend la pose, car il n'a pas d'enfant avec sa copine. En remontant dans le pick-up, ils échangent leur place : Cristian-qui-conduit devient Cristian-d'à-côté tandis que Cristian-d'à-côté devient Cristian-qui-conduit.

Ils me déposent au sommet d'une colline jouxtant La Serena, devant la maison où l'on m'attend, sur le pas de la porte, et m'assurent que si j'ai le moindre problème ils pourront se débrouiller pour m'héberger. D'un air qui se veut ironique, ils me glissent aussi qu'ils adoreraient repasser un de ces jours, profiter du panorama et, tout en prenant la *once* – le gourmand goûter du soir chilien –, contempler la ville et l'océan derrière elle.

Ce n'est pas nécessaire : mon hôte les convie à boire une bière pour les remercier de m'avoir déposée, et ils se rendent compte que Cristian-qui-conduit a été son voisin d'enfance et Cristian-d'à-côté son camarade d'école !

Au matin, je réalise que nous avons quitté le désert.

La Serena

Raymondo est originaire de Temuco et réside aujourd'hui à Santiago. Lors de notre rencontre, il est sur sa route entre Arica, à l'extrême nord du Chili, et la capitale : bien installé dans la cabine du poids lourd, son lit derrière et sa cuisine à côté de lui. Je m'étonne, les camions colombiens étaient loin d'être si équipés et leurs conducteurs dormaient à l'hôtel. La remorque, elle, est pleine à craquer, citrons et gingembre à volonté. De la présence du gingembre, il ne s'est rendu compte qu'en allant chercher quelques citrons pour assaisonner son thon, auparavant il ignorait en transporter.

Par le passé, il exerçait en tant que chauffeur international et allait au Brésil principalement, la casquette accrochée au-dessus de son lit et sa maîtrise du portugais en témoignent. Raymondo est un homme de travail, c'est lui-même qui se définit comme tel.

En y repensant, je me demande pourquoi je l'ai bien aimé. Il était bruyant, hurlait dans son téléphone, baragouinait quelques phrases en anglais d'un air crâne, riait exagérément fort, avait des fantasmes de pouvoir inassouvis et admirait des despotes tels Vladimir Poutine ou Kim Jong-un. Il considérait qu'ils savaient imposer leur volonté, aussi néfaste soit-elle, et que c'était ça le plus important pour un homme. Par ailleurs, il aimait à envisager des scénarios scabreux comme celui où Poutine coucherait avec la femme de Trump, rendant ce dernier fou de rage, satisfaisant ainsi son goût, certainement assez banal, pour les scandales, pour les histoires de puissants tombés en disgrâce, classant les politiques dans une nouvelle catégorie de stars, tout juste bons à alimenter les pages des magazines people et éventuellement à gouverner de temps à autre.

Raymondo était aussi menteur, comme tant d'autres, plaidait-il à sa décharge, et avait inventé à l'intention de ses camarades camionneurs une liste de pays où il se serait rendu en touriste. Pour s'assurer d'un minimum de crédibilité, il était allé jusqu'à mémoriser des photos, des cartes et des noms de villes.

Ses anciens collègues, eux, ceux de son ancienne entreprise, il les espionnait pour le compte de leur chef, le renseignant sur la position de l'un ou de l'autre, sur la durée d'une pause, d'un chargement, et il était très fier de l'importance de sa mission, de son astuce, de la confiance que lui accordait son ex-patron et de son habileté à gagner de l'argent facile. C'était un *sapo*, un crapaud, une balance. À mon tour, en tant que *sapo* de *sapos* – un grade plus élevé dans la hiérarchie des *sapos* –, je le dénonce.

À cela s'ajoutaient l'homophobie – qu'il n'a pas essayé de cacher en m'avouant s'arrêter pour n'importe quel auto-stoppeur sauf deux hommes ensemble, par crainte qu'il ne s'agisse d'un couple gay – et sûrement l'infidélité envers une compagne maintenue à bonne distance, environ mille kilomètres de Santiago, parce qu'elle l'opprime, l'étouffe. Quant à son fils Franco, il ne ressentait aucune fierté à son égard non plus, car celui-ci est policier et que personne n'aime les policiers, parfois pas même leur propre père.

Avec moi, il s'est montré assez naïf: convaincu que j'étais « quelqu'un de bien », il est allé aux toilettes et m'a laissée seule dans la cabine au bout de dix minutes de trajet, son portefeuille et de multiples smartphones éparpillés, à ma portée. Bien sûr, je suis une jeune fille souriante, j'ai l'air inoffensive, mais je pourrais jouer comme lui un double jeu, je pourrais aussi trahir, mentir, tromper et même voler, et il ne le soupçonnait pas.

De mon côté, j'étais plus méfiante, à cause des smartphones en question. Il en possédait pas moins de sept ou huit, et il y en avait toujours un en train de sonner. Face à mon étonnement – pourquoi une telle profusion de téléphones ? –, sa réponse a été qu'il est plus avantageux d'avoir le même opérateur que son interlocuteur, et donc plusieurs cartes sim à disposition. Pourtant, il n'existe que trois ou quatre et non sept ou huit grands opérateurs au Chili, je me permets donc de douter que cette solution soit effectivement la plus économique… En outre, il menait des conversations étranges, mentionnant souvent Poutine comme si c'était un nom de code, se vantant d'avoir « établi le contact ».

Malgré cette liste de défauts accablante, je garde un bon souvenir de Raymondo.

Comment oublier qu'il m'a aidée et invitée à déjeuner, qu'il nous a acheté de quoi pique-niquer, des avocats, des olives, du fromage et des cerises, qu'il m'a fait découvrir le jus de fruits en poudre, à mélanger avec de l'eau ? Envers moi, aussi insignifiant que cela puisse être à l'échelle de sa vie, il a été généreux.

Je l'imagine minuscule, seul aux commandes de ce monstrueux poids lourd, tous les jours ou presque pendant d'interminables heures, la musique à fond comme lorsque j'ai ouvert la portière et gravi les trois marches qui mènent à l'habitacle, les paysages défilant inlassablement devant lui, devant ses petits yeux qui ne semblent s'être frayé que par miracle un passage entre les graisses de son visage. Je le vois de profil, avec son nez en trompette et son petit menton qui dépasse de ses joues proéminentes, sa bedaine tendant le tissu de sa chemise blanche. Ou bien, à l'occasion d'une pause, sortant son harmonica et apprenant à un peu mieux en jouer, pour peut-être un jour oser interpréter un morceau à un prochain auto-stoppeur.

*

Ils me confient bien des choses, tous ces gens qui se laissent amadouer par ma curiosité désarmante, par mon air si spontané, par mon écoute en apparence anodine. Drames familiaux, désamours conjugaux, remises en question et fantasmes insensés, ils se confient sans avoir idée qu'il s'agit de bien plus qu'une simple discussion sans conséquence, et moi je mémorise et transcris à leur insu leurs actes et paroles. J'ai trouvé là le seul moyen d'avoir accès à un peu de sincérité, à des récits d'humains ordinaires, loin des autocélébrations enjolivées. En échange, je leur consacre pleinement mon attention et tente de les immortaliser.

J'ai beau les trahir, je me rends largement la pareille, me trahissant à mon tour, bafouant mes propres principes pour devenir une bonne espionne et entrer dans l'intimité de ces inconnus par quelque porte que ce soit ; celui de ne pas mentir ni d'omettre le moindre élément pertinent pour mon interlocuteur, celui de ne pas sciemment alimenter des comportements à mes yeux néfastes, en profitant par exemple du machisme des hommes qui ne s'arrêtent que parce qu'ils ont vu un « ange au bord de la route », fragile donc, naïf, ingénu et en accord avec les standards de la beauté occidentale. Involontairement, je satisfais leur attirance pour les blondes jolies jeunes filles et leur fascination pour les étrangers ex-colons, survivance des siècles, par-delà les critiques et les décolonisations : la même fascination que celle ressentie par les Amérindiens voyant les navires espagnols jeter l'ancre, persuadés qu'ils abritaient des dieux en visite sur terre, la même que celle qui envahit la Malinche, la légendaire esclave maya devenue maîtresse de Cortés et qui, secondant les Espagnols dans la conquête du Mexique, trahit son peuple.

Je me suis métamorphosée, je suis devenue malhonnête et peu scrupuleuse, bénéficiaire consentante du machisme et du malinchisme de mes hôtes, mais aussi plus en alerte, plus indépendante, plus détachée et par conséquent moins intolérante. J'écoute, remarque les défauts sans m'y arrêter, m'attache parfois à des personnes pour lesquelles j'aurais malheureusement bien peu de considération dans ma vie habituelle : je les perçois d'emblée comme les futurs protagonistes d'un chapitre ; aussi horribles soient-ils dans certaines conditions, on les connaît si intimement qu'il ne nous reste qu'à compatir et pardonner.

Si je les ai transformés en personnages, je me suis réservé le même sort en devenant autre, fictive, protagoniste de multiples chapitres.

Santiago

Je vais vous révéler un secret que je gardais par-devers moi et que finalement j'assume : je suis arrivée à destination. Je ne nie pas que chaque étape ait été, à son heure, une destination également, avec son lot d'attractions ou de rendez-vous parfois impatiemment attendus, mais si toutes celles-ci étaient sujettes à variation voire à annulation, l'idée d'arriver à Santiago et surtout à Rancagua – que l'on peut rejoindre en métro-train depuis la capitale – était pour moi gravée dans le marbre.

Cette ville dont le nom ne rappelle rien ne recèle aucune merveille, sinon peut-être l'attendrissante vérité qu'il y a là-bas une personne chère à mon cœur. Puisque j'en suis aux révélations, autant préciser que c'est aussi celle que j'avais attendue puis raccompagnée à l'aéroport de Medellín, il y a plusieurs mois et pays de cela. Je me confie maintenant car l'idée d'avoir simplement dit que j'allais y chercher « une personne » turlupine ma conscience : j'ai l'impression de vous avoir dupés, bernés, laissé croire à tort que c'était un individu quelconque, qu'il méritait moins de détails que n'importe quel inconnu rencontré sur une route. Mais il n'en est rien, c'est la pudeur qui m'a rendue si évasive.

Avec cette personne-chère-à-mon-cœur, nous avons fait divers trajets entre Rancagua, quelques villages environnants, Santiago et Valparaíso. Certains en bus, certains en auto-stop.

Il y a eu l'habitante de Rancagua, s'inscrivant dans la lignée des femmes qui m'ont prise à leur bord en ces sept mois de voyage, si rares que l'on peut les compter sur les doigts d'une main ; il y a eu le camionneur qui faisait une collection d'auto-stoppeurs – un autre couple occupait déjà la cabine, nous nous sommes donc répartis à quatre entre le lit et le siège passager ; et il y a eu un quadragénaire à chapeau de paille qui, en route pour sa virée quotidienne au casino, nous donna un précieux conseil : ne jamais aller, comme on pourrait être tentés de le faire, vers les machines à sous gagnantes. Statistiquement, toutes sont censées rapporter le jackpot à la même fréquence, il est donc plus malin d'aller à celles qui ont épuisé jusqu'aux dernières monnaies du joueur précédent.

Mais le plus mémorable des automobilistes qui nous ait accueillis fut un chauffeur de taxi qui rentrait chez lui, à Casablanca, après une journée de travail accomplie. Il nous a longuement parlé de son expérience de camionneur international, en particulier de deux aventures brésiliennes.

Lors de la première, il avançait paisiblement, encadré à l'avant et à l'arrière par trois poids lourds de la même compagnie. Au Brésil, expliqua-t-il, il est préférable, pour des raisons de sécurité, de rouler à sept ou huit camions *en caravana*, comme ils disent là-bas, ou en convoi comme nous dirions ici, ainsi qu'avec une arme à portée de main. Les paysages défilaient sous son nez quand soudain, en pleine nature, une chose longiligne et verticale, mais qui n'était pas un arbre, apparut, un homme. Il fit signe, mima peut-être, comme le font les routiers pour se reconnaître entre eux, quelqu'un qui tient un volant entre les mains, et la *caravana* s'arrêta et écouta son histoire. Chilien comme eux, cet homme était seul dans son camion lorsque des individus armés campés en travers de la route l'avaient obligé à se garer, à quitter le véhicule et à délivrer la cargaison. Convaincus par sa version des faits, les sept collègues décidèrent de lui venir en aide, le firent monter en tête de convoi et roulèrent jusqu'au prochain restaurant routier. Là, ils décrivirent le camion volé à la serveuse, qui comme par miracle, détenait de précieuses informations : les brigands s'étaient arrêtés pour manger et avaient évoqué devant elle leur destination. S'ensuivirent deux expéditions armées, l'une diurne pour repérer le camion, l'autre nocturne pour le récupérer. L'opération fut un succès, l'unique garde se rendit rapidement, aucun coup de feu ne fut échangé, seulement des accolades de remerciement et plus tard, pour les sept héroïques chauffeurs, des propositions d'emploi valables à vie dans l'entreprise du camion rescapé.

Sa seconde aventure brésilienne mettait aussi en jeu quelqu'un gesticulant au bord de la route, mais cette fois-ci c'était une auto-stoppeuse autochtone qui rentrait au bercail après un long voyage. Lorsqu'ils se rencontrèrent, les kilomètres la séparant encore de chez elle étaient au nombre de plusieurs milliers, la route allait durer quelques jours et les intentions de notre homme étaient, selon ses dires, dénuées d'arrière-pensées : une nuit il lui laissa le lit et dormit sur le siège, une autre ils inversèrent, rien ne se passa. Le temps filait, ils s'entendaient bien, discutaient beaucoup et, un beau jour, la maison de l'auto-stoppeuse se profila à l'horizon. Après d'émouvantes retrouvailles avec sa famille, son père invita à dîner celui qui avait ramené sa fille saine et sauve, et les adieux furent repoussés. Le repas touchant à sa fin, le père, voyant sa fenêtre d'action se réduire, le prit à part et lui fit une proposition des plus singulières : accepter la main de sa fille. Malheureusement – pour lui et pour le happy end de cette histoire – la réponse ne fut, malgré quelques hésitations, pas celle attendue. Peu après, on vit un camion quitter à tout jamais le village, avec à son bord un homme célibataire. Ces deux histoires datent d'il y a environ trois décennies, durant lesquelles il s'est marié avec une autre femme, chilienne, et a engendré deux fils qui ont eu le temps de grandir et de mourir. Sur ces tragédies il ne s'attarda pas, précisant seulement que l'un succomba au cancer et l'autre à un tir de pistolet en pleine tête alors qu'il travaillait, lui aussi en tant que chauffeur de taxi.

Rancagua

Ce dernier mois, je n'étais donc pas seule mais avec quelqu'un, l'amoureux en question. Souvent, j'étais même avec quelques-uns, les membres de son entourage, et parmi eux, une quelqu'une, sa mère, m'a offert un gros pull rose pâle en laine épaisse parce qu'elle voyait que j'avais froid et qu'il me plaisait bien.

Maintenant, il n'y a que moi, à nouveau, au bord d'une autoroute. Moi et mon pull rose, bien au chaud, en cette journée pluvieuse.

Mon pouce sait ce qu'il lui reste à faire, c'est presque devenu un automatisme : une fois positionnée à un endroit où l'espace disponible et la visibilité permettent l'arrêt d'un véhicule, une fois mon sac à terre, je lève tout naturellement le bras et tends le pouce, sans même y réfléchir. Je n'ai plus peur de ce que les gens pourraient penser.

Après une brève attente, un camion s'arrête et repart sans moi : il ne va pas assez loin.

Quand on en vient à l'auto-stop, me dis-je en patientant, je préfère être seule. À deux, on est ensemble avant tout. On parle bien sûr avec notre conducteur, mais le besoin s'en fait moins sentir, on pourrait aussi bien se taire et se tenir la main, ou discuter dans notre langue. Même quand la conversation inclut l'automobiliste, une remarque ou une blague qu'il ne peut comprendre s'y glisse parfois, le maintenant à distance. Quand je suis seule au contraire, l'éphémérité de la rencontre et l'intime habitacle peuvent permettre à un secret, une confidence, une histoire méconnue d'être racontés. Quand je suis seule, on peut tout me dire sans conséquence, on peut tout penser, tout remettre en question et oublier l'avoir fait après, on croit que personne n'en saura jamais rien.

Coupant court à mes pensées, un pick-up gris se gare à quelques mètres de moi avec, au volant, Renato qui m'invite à monter.

Il est en chemin pour travailler, pour gagner de l'argent, toujours plus d'argent, suffisamment pour ne plus jamais être pauvre. Il ne comprend pas pourquoi je voyage, il considère cette année perdue à l'aune de toute une vie de labeur. C'est la première fois que l'on me dit ça, que l'on juge ce périple comme tout bonnement inutile, sans intérêt, totalement vain, et j'ai du mal à me défendre. Pas à cause de l'argent, mais parce que c'est dur d'être seule pendant des mois, et que parfois, je me dis que j'aurais mieux fait de rester chez moi, dans mon studio adoré de ma ville Paris de mon pays France.

Renato m'assène tout cela, avant de me confier la passion qu'il éprouve pour son métier, pour ses journées passées parmi les arbres fruitiers, à les irriguer. Ni trop ni pas assez, juste ce qu'il faut, à la goutte près, parce que l'eau est précieuse et les fleuves autrefois abondants réduits à de minces filets : nous sommes dans le seul pays au monde où elle est privatisée, et si les fleuves s'assèchent c'est parce que les mines et les monocultures en ont acheté l'usufruit. Il se remémore ses débuts en tant qu'apprenti, s'enorgueillit des techniques qu'il a améliorées et de l'entreprise qu'il a créée, qui emploie actuellement vingt-cinq ouvriers.

Je l'imagine alors dans d'immenses vergers verdoyants, en train de mesurer des quantités d'eau dans de petites éprouvettes graduées pour ensuite les verser au pied des troncs, ou bien adossé à un pommier avec une pile de papiers à remplir, signant des déclarations, des contrats, des fiches de paie.

À un moment, il me montre, dans la remorque d'un autre pick-up croisant par hasard notre route, le genre de longs tuyaux qu'il installe sous terre. Revenant à la réalité, je me dis qu'il s'occupe certainement des aspects administratifs dans un bureau et non pas à l'ombre d'un pommier, et qu'il doit aussi passer beaucoup de temps à s'ennuyer sur cette interminable route longiligne qui traverse le Chili.

Lors d'une pause sur une aire d'autoroute, il m'offre un café, nous oublions quelques brefs instants notre incompréhension mutuelle.

En repartant, il me confie rêver d'acquérir une caravane, et j'interprète, à tort, qu'il souhaiterait partir en vacances avec. En fait, il est plus intéressé par le lit, qui lui éviterait bien des frais d'hôtellerie pendant les chantiers, que par ce genre de frivolités.

Je conclus dans ma tête, tant mieux si cette vie le rend heureux, parce que avec six enfants de quatre femmes différentes, ça fait beaucoup de bouches à nourrir.

En descendant, je me rappelle : un des buts auxquels répond ce voyage est d'apprendre à donner seule un sens à mes journées, à mes semaines, hors des obligations induites par les parents, les professeurs, les patrons, éprouver ce qu'il reste de moi dans une vie sans nulle contrainte.

Mais comme souvent, quand les arguments pertinents ou répliques cinglantes nous viennent à l'esprit, il est déjà trop tard.

Linares

J'attends, à l'intersection entre la Route 5 et un petit chemin de campagne.

À bord de la voiture qui fait halte devant moi se trouve un couple, Natalia et Eduardo. Ce dernier m'est familier : nos regards s'étaient croisés à la station-service où Renato et moi avions bu un café peu de temps auparavant.

Ils ont une quarantaine d'années et sont tous les deux

corpulents. Mais autant lui est grand avec des cheveux noirs et bouclés, autant elle est petite avec des cheveux blonds et lisses. Ils se sont connus il y a plus de vingt ans dans un hôpital de Santiago, dont elle est originaire, alors qu'elle y était neurochirurgienne et lui brancardier. Aujourd'hui, ils dirigent conjointement un cabinet, chez eux, dans les environs de Linares où il a grandi. Elle y exerce désormais en tant que psychologue et lui en tant que psychiatre.

Ils ont cinq enfants dont l'aîné a treize ans et la benjamine un an et demi, comme en témoignent les paquets de couches avec lesquels je partage mon siège. Non contents d'être déjà si nombreux, ils s'enthousiasment lorsque je leur parle de la plateforme Couchsurfing, que j'utilise pour trouver où dormir. C'est décidé, ils vont s'y inscrire et par ce biais héberger gratuitement des voyageurs.

Alors que l'on approche de Chillán, elle commence à se maquiller dans le miroir de courtoisie, et m'explique qu'ils sont en chemin pour le cimetière. Personne n'est mort récemment, ils vont assister au transfert de sa mère dans une autre tombe.

J'ai une confession à faire, je viens de mentir, je voulais rendre leur rencontre moins prévisible, mais en réalité, à l'hôpital de Santiago, Eduardo était médecin et Natalia infirmière. Décevant, n'est-ce pas ?

Chillán

Loin de chez lui, à plusieurs centaines de kilomètres de l'île de Chiloé, il conduit, le cœur léger, un camion dont il ne possède pourtant pas les papiers. Une fois arrivé à son garage, il lui refera une beauté et une révision globale, puis le mettra en vente. Deux fois sur dix environ, estime-t-il, les papiers des véhicules qu'il acquiert ne sont pas en règle, mais la corruption de quelques policiers de sa connaissance finit toujours par résoudre les différends.

Ce matin de bonne heure, il a quitté Santiago, et, pour épargner son corps fatigué, il s'arrêtera passer l'après-midi et la nuit dans un hôtel de Saltos del Laja, une localité dont les cascades naturelles attirent les touristes, aux alentours de Chillán. Sa proposition : rester avec lui dans cet endroit magnifique, il y prendra pour moi une chambre avec deux lits séparés. Mais même s'il ne m'avait pas confié, peu de temps auparavant, que n'ayant trompé sa femme qu'une fois en quinze ans de relation et que celle-ci refusant toujours de l'accompagner dans ses sorties, il pourrait faire à nouveau une exception pour voir son rêve de coucher avec une étrangère se réaliser, même s'il ne m'avait pas confié tout cela, je n'aurais pas cru à l'innocence de sa proposition.

*

Elle coupe égoïstement, pour le bon plaisir des humains, l'horizon en deux, en ligne droite car l'efficacité est reine et les courbes de toute façon trop rondes, ne permettant à ceux qui s'y engagent d'en sortir ou d'y prendre une pause que lorsqu'elle le décide, condamnant à mort quiconque franchirait, quand elle n'est pas grillagée, sa frontière.

Elle, c'est l'autoroute, rapide et compétitive comme notre monde, démesurément chère, car vendue par concessions à des entreprises occidentales, comme notre monde, donc globalisée comme notre monde, conçue pour arranger les gros poissons de la branche, comme notre monde. Ici, ce sont les sociétés de transport qui reçoivent bien des cadeaux : on leur construit et entretient les routes à grands frais, elles bénéficient de réductions sur le prix de l'essence, même la loi les autorise à embaucher des travailleurs pour des volumes horaires inhumains.

Tout ce qui y évolue carbure au pétrole, et ceux qui s'y déplacent à longueur de journée aux boissons énergétiques, transformant ainsi la majeure partie de leur temps éveillé en argent, comme si c'étaient les billets et non les minutes écoulées qui étaient les plus aptes à procurer du bonheur.

En sont donc exclus : les cyclistes, les piétons, les cavaliers et les propriétaires d'un véhicule trop lent. Circulez – ou ne circulez pas plutôt ! –, ce monde n'est pas le vôtre.

Femmes d'ailleurs, à moins que vous ne soyez muette aux côtés de votre chéri qui conduit, prostituée de bord de route ou employée de station-service protégée par ce rôle, circulez – ou plutôt ne circulez pas ? –, ce monde, s'il est aussi le vôtre, est avant tout celui des hommes. Si vous ne vous y pliez pas, que vous conduisez, prenez la parole, faites du stop, vous serez les extraterrestres et symboliserez les modestes avancées du féminisme, comme dans notre monde.

Saltos del Laja

Autour de l'arrêt de bus qui abrite mon attente, il pleuviote. Les voitures sont rares, surtout dans mon sens. Je les vois surgir de derrière une colline, attisant mon espoir, puis poursuivre leur chemin, parfois sans un regard.

Un homme vêtu d'un costume dans une Mercedes brillante à l'odeur de propre et de lessive s'arrête. Grâce au système mains libres, il parle à un ami qui se trouve à Rancagua, leur conversation semble professionnelle, mon chauffeur est banquier, dans une banque de prêts. L'ami de Rancagua me salue au téléphone, me raconte qu'il sait dire « oui » et « qu'est-ce que c'est ? » et non, contrairement à la plupart de ceux qui m'exposent leur connaissance du français, « Voulez-vous coucher avec moi ce soir ? ».

Une fois qu'il a raccroché, à peine a-t-il le temps de me dire qu'il rentre chez lui où sa fille l'attend que nous voilà déjà arrivés à Los Angeles, États-Unis. Pardon, je m'emballe : Los Ángeles, Chili.

Los Ángeles

Juan Pedro est camionneur. Il arrive de Santiago, se dirige vers Chiloé, vers un supermarché Lider à approvisionner. Il est chauffeur international, ce qui rapporte plus, alors on l'envoie aussi au Brésil. Là-bas c'est dangereux mais bon, il faut bien vivre, non ? Quand je monte et au cours des vingt minutes qui suivent, il est au téléphone, discutant avec passion de camions, de mécanique, de vitesses atteintes, de marques.

Sa cabine est impeccable, je remarque, ce n'est pas monnaie courante, souvent il y a des chaussures jetées dans un coin, des mégots qui traînent, des bouteilles vides aussi, un peu de poussière, le lit défait, une serviette en bouchon, que sais-je, mais là non, rien, rien que de l'ordre et de la propreté. Pas qu'il soit maniaque, me répond-il, c'est juste qu'il n'a pas eu le temps de s'approprier l'espace. Ce véhicule n'est pas le sien, on le lui a prêté pour quelques jours, pendant la période du Nouvel An : il avait demandé et obtenu un congé, avant de se rétracter, et à la dernière minute il a donc échangé camion contre congé avec un collègue. S'il a modifié ses plans, m'explique-t-il, c'est parce que ses enfants ont annulé le Nouvel An, enfin, annulé, disons plutôt préféré le passer avec leur mère. Ensuite il a bien été invité à réveillonner chez un autre collègue, mais il aurait été gêné, un étranger dans une famille, un inconnu ignorant les liens étroitement tissés, les scandales et les petites disputes, les tabous et les histoires d'enfance, vraiment ça ne se fait pas, mieux vaut conduire, voir de loin les feux d'artifice, éventuellement boire un verre de jus d'orange dans une station-service et, à minuit, se dire que ça y est, c'est la nouvelle année, et essayer de voir ce qui a changé, essayer de se sentir un homme nouveau, meilleur même peut-être. J'ironise, mais j'avoue que je trouve cela charmant, assister à un tel moment d'effervescence, presque sacré, du dehors, depuis l'un des rares endroits restés imperturbés, les routes.

« Je suis divorcé », précise ensuite Juan Pedro, « depuis longtemps. » Sa femme l'a trompé, et maintenant elle a mis la main sur un nouveau compagnon. Il les avait pourtant prévenus, ses deux enfants, Javier et son frère, que leur mère était si belle que cela arriverait probablement, que ce serait normal et certainement heureux pour elle, mais Javier ne l'accepte pas, à tel point qu'un jour il a suivi son rival – complexe d'Œdipe oblige – dans la rue, armé d'un couteau. À la suite de cet épisode, il a été contraint d'emménager chez sa grand-mère. En plus d'être belle, elle a un magnifique prénom, leur mère. Esereli. Si j'étais un homme, ou lesbienne, je serais content/contente de sortir avec une femme qui s'appelle Esereli.

« Moi je fais comme mon père, poursuit Juan Pedro, je ne dis pas de mal de leur mère à mes fils. Je ne raconte ni les tromperies ni les mensonges, je me contente des qualités. Si besoin est, ils se rendront compte du reste tout seuls, en temps voulu. »

Sa propre mère s'est évaporée dans la nature, avec un autre homme, quand il avait cinq ans, et à ses quinze ans, elle est réapparue, avec des chaussures de marque pour lui. Dix ans d'absence contre une paire de pompes, pourquoi pas, ça semble plutôt correct, surtout que d'autres cadeaux ont suivi. Il l'aimait bien, se sentait content de la retrouver, d'avoir enfin une mère à ses côtés, et puis il a réalisé, de lui-même, qu'elle n'était pas là quand il sollicitait son appui. Désormais, ils maintiennent une relation cordiale mais dénuée d'illusions.

Pour clore le chapitre famille, il me prévient qu'en tout cas, s'il avait une fille, il lui interdirait de faire ce que je fais, alors à la limite, tant mieux s'il n'en a pas.

Puis il se tait, me propose simplement un soda, que je décline. Il me demande si je n'en bois jamais, si je suis aussi végétarienne, voire hippie. Non, oui et non, je ne crois pas, je réponds. De fil en aiguille, j'en viens à lui dire qu'en ce moment je lis beaucoup d'articles sur l'environnement, la catastrophe bioclimatique en cours, les chiffres la caractérisant ainsi que les différentes stratégies adoptées pour lutter contre, et que simultanément à ces prises de conscience, je me trouve au Pérou, où sur les marchés les vieilles dames me forcent, avec comme souvent les meilleures intentions du monde, à prendre un sac plastique parce qu'elles craignent que mes légumes ne se salissent dans mon sac en toile, ou salissent le sac, je ne sais pas ; même dilemme au Chili, où j'estime à deux poulets par personne ou bien à une vache pour quatre convives la quantité de viande sur les grilles des barbecues. Et malgré moi, le contraste entre ces habitudes de consommation et ce qu'il faudrait entreprendre pour garantir un avenir terrestre à l'humanité me fait peur. Mais Juan Pedro, lui, n'a pas peur. En dépit de tous mes arguments et de toutes les statistiques, en dépit de mon émotion, il me trouve amusante. C'est le mot qu'il emploie, *entretenida*, précisément amusante.

À ce sujet, il s'enquiert aussi de la fréquence à laquelle je me douche, supposant, à la lumière de mon discours, que si les Français sont réputés sales et puants, c'est peut-être à cause de leurs économies d'eau. Et puis il se justifie en disant que lui, et les Chiliens en général, n'ont pas beaucoup de caractère, que c'est vraiment un trait de non-personnalité qu'il a constaté chez ses compatriotes, y compris chez lui-même.

Moi aussi je le trouve amusant, un peu interloquant aussi, mais amusant. Et par ailleurs bien intentionné, du genre à entrer dans le centre d'une grande ville comme Temuco pour m'y déposer au lieu de me laisser à minuit passé sur son périphérique.

*

Par moments, il me semble que les gens sont vraiment inconscients. Ou bien sales, dénués de scrupules, ignorants, répugnants, bêtes, superficiels, étroits d'esprit, complètement misogynes, ou racistes, ou homophobes, ou l'opposé d'écolos, je ne sais pas s'il y a un mot pour ça, pollueurs j'imagine. Tout un tas de défauts banals et fort répandus, mais qui parfois, s'ils prennent trop de place ou s'ajoutent les uns aux autres, me poussent à conclure que « je n'aime pas cette personne ». Et moi, en parallèle, ayant été élevée avec l'idée qu'il fallait toujours plaire, voire charmer, il m'est inconcevable que cette personne puisse aussi ne pas m'aimer. Eux doivent m'aimer, au moins au début, au moins jusqu'à ce que je leur aie signifié qu'il n'y avait rien de réciproque dans ce sentiment. Je dois être sacrément hypocrite pour m'évertuer, chaque fois, à rester aimable en toutes circonstances, je dois avoir un problème d'envergure pour réussir à parler d'un sujet important de manière « amusante », mignonne en somme, de rire, de rentrer dans le jeu, juste pour que quelqu'un ne me trouve pas ennuyeuse, ou désagréable, ou moralisatrice, pour plaire à quelqu'un qui à moi me plaît de moins en moins. D'ailleurs, cette injonction à être mignonne, à toujours sourire, ça marche surtout pour les femmes, et si je me respectais un peu plus, je ne voudrais pas plaire ou distraire mais être prise au sérieux.

J'espère qu'un jour je relirai ces mots et que la pensée qu'ils provoqueront sera : « Ah tiens, c'est vrai que je faisais ça avant, j'avais oublié. »

Temuco

Cet après-midi en banlieue de Temuco comme hier à Los Ángeles, le conducteur qui arrête à ma vue son pick-up s'appelle Juan Pedro. Drôle de coïncidence, n'est-ce pas, que les deux seuls Juan Pedro que j'aurai rencontrés en stop se soient succédé – ce fut aussi le cas des deux Oscar, et presque des deux Mauricio, il y a quelque temps de cela.

Ce pick-up n'est pas le sien mais celui de sa femme, qu'il a exceptionnellement emprunté pour aller s'enquérir de l'état de son camion, tombé en panne à Lanco. Encore une coïncidence vous remarquerez, ces deux Juan Pedro étaient camionneurs et roulaient dans un véhicule emprunté !

Habituellement, il transporte du matériel de forage et accomplit cette mission pendant au moins soixante heures hebdomadaires, soit quinze heures de plus que le volume horaire légal en 2018, les routiers étant soumis à un régime particulier. Aujourd'hui, il a été contraint de poser un jour de congé, se rendant ainsi disponible pour aller à Lanco, écouter les conclusions du mécanicien et éventuellement rapatrier le camion à Temuco, où il connaît un bon garage. Dans l'imaginaire collectif, les jours de congé servent plutôt à partir en vacances, se reposer, retrouver sa famille, ses amis, prendre soin de soi, mais bon, c'est sûrement un mythe propagé par le cinéma hollywoodien.

Lanco

Pedro et Abelardo, tous deux habitants de Temuco, sont des compagnons de longue date et conduisent à tour de rôle une toupie, qui dans leur langue s'appelle un *mixer*. Les treize heures quotidiennes qu'ils passent assis ensemble dans la cabine du camion défilent avec les cuves qui se remplissent de ciment liquide, tournent et tournent et tournent pendant des dizaines de kilomètres, se vident, puis se reremplissent, retournent et se revident.

Alors que Pedro n'a pas plus de trente-cinq ans, porte un jean parsemé de trous et se rase les côtés du crâne, Abelardo est un frêle vieillard, trop âgé pour ne pas être à la retraite, il doit friser les soixante-dix ans.

À cause de ses problèmes d'audition, il crie et répète chacune de mes paroles, et alors les relents de vomi de son haleine viennent me chatouiller les narines. J'essaie de respirer par la bouche. En dépit de ce bref moment d'inconfort, je garde le souvenir attendri d'un vieil homme qui devrait pouvoir se ménager au lieu de s'épuiser au volant : il faisait toujours de son mieux pour répondre à mes questions, allant jusqu'à épeler son nom à ma demande, et il a même accepté de se serrer pour nous laisser, à moi et à mon sac à dos, une place sur la petite banquette. À La Unión, leur chef, avec qui ils ont rendez-vous pour déjeuner, les attend. Ils me laissent donc sur le bord de la route.

La Unión

L'homme se situe quelque part entre la quarantaine et la cinquantaine, il est petit, ventru et engoncé dans une chemise bleu marine, se tient la tête légèrement penchée en avant et regarde donc par en dessous. Ses yeux recèlent une lueur vicieuse, et souvent d'ailleurs ils sont cachés derrière des lunettes de soleil.

Il est soigné, sa voiture est immaculée, il a l'air aisé.

Voici son parcours professionnel : après avoir étudié la construction, il a créé sa propre entreprise, qu'il a développée avec acharnement. Dans les premiers temps, me raconte-t-il fièrement, il se levait à quatre heures du matin pour travailler jusqu'à minuit, et il emploie aujourd'hui pas moins de vingt-cinq personnes, parmi lesquelles plusieurs Haïtiens. Ils constituent selon lui une épidémie qui s'abat sur le Chili, s'emparant du gagne-pain des autres, posant un sérieux problème financier à l'État. Individuellement, il les juge paresseux et sans vergogne lorsqu'ils réclament, malgré leur manque de qualifications, des augmentations. En revanche, il n'a pas l'air d'assumer que s'il les recrute malgré tout, c'est parce qu'ils acceptent de travailler dans des conditions qui paraîtraient intolérables à n'importe quel Chilien.

Tout ce travail, il l'effectue pour l'argent, ce qui compte le plus à ses yeux. Lorsque je lui demande ce qu'il en fait s'il n'a pas le temps de l'utiliser, il ricane. Son plaisir ? Certainement dépenser sans regarder les prix, sans se priver jamais, vouloir quelque chose et l'avoir aussitôt, donner nonchalamment à une auto-stoppeuse un billet de vingt mille pesos, soit un peu plus de vingt euros, pour qu'elle aille acheter, lors d'une pause sur une aire d'autoroute, deux jus bio-naturels-sans-rien-d'ajouté.

*

Ai-je laissé croire que c'était le manque d'argent qui me motivait ? Je me suis présentée comme une voyageuse économe, mais en vérité j'ai travaillé et mis de côté avant mon départ, si j'économise à ce point c'est parce que j'ai déjà le retour en tête, quand j'aurai à choisir entre un petit boulot et une éventuelle activité plus passionnante – du journalisme ? Autre chose ? En France ? Ailleurs ? –, mais sans cela je pourrais tout à fait me permettre le bus.

J'ai même menti à Porfirio Díaz en lui disant que je n'avais ni argent ni moyen d'en retirer, certes ma carte bleue ne fonctionnait pas au Pérou, mais j'en gardais une seconde de secours, celle de ma mère, à laquelle il était pour moi hors de question d'avoir recours : je devais me débrouiller sans et tester la solidité du tissu social, la puissance du hasard que nos petites planifications pragmatiques essaient de tuer. Je voulais croire que l'on pouvait tomber et toujours, grâce à l'aide de quelqu'un, rebondir, je voulais me le prouver, le prouver au monde entier, empiriquement du moins, relever ce défi de partir à l'inconnu sans nul plan B.

Ce n'est pas demander la lune tout de même que par exemple, sur ces routes où circulent des milliers de personnes chaque jour, quelques-unes, 1 sur 1 000 pour donner un ordre de grandeur, s'arrêtent et veuillent aider ! Ne serait-ce pas misérable que ce ne soit pas le cas ?

Je veux prouver non seulement que ce tissu social existe et qu'il est encore suffisamment solide, mais aussi l'alimenter, rappeler qu'il est bénéfique, que l'on ne doit pas s'en déconnecter, à mon tour en constituer un fil.

Osorno

La voiture d'Alejandro file sur la Route 5, départ Santiago, arrivée Puerto Montt, une longue ligne droite, on peut se la représenter en deux dimensions, avançant, avançant. Au-dessus, dans les airs, parmi les nuages et les oiseaux et le trou de la couche d'ozone, qui se trouve apparemment dans les environs, un avion. Dans l'avion, une femme et quatre enfants : celle, et ceux, d'Alejandro.

Je m'étonne, « quatre enfants ? », en insistant bien sur le chiffre. Alejandro est un journaliste fraîchement quadragénaire à lunettes et à grain de beauté proéminent sur le front, employé par la chaîne 13 de la télévision chilienne, je ne l'imagine pas père de quatre enfants et il me confirme qu'ils ont tous été conçus par inadvertance, à la suite d'échecs de contraception. Le premier a 14 ans, le deuxième 12 ans, le troisième 2 ans et le dernier à peine deux mois, soit 0 an. Je ne peux m'empêcher de remarquer – simple entorse au monopole des mots – qu'il semble y avoir des cycles de 12 ans au cours desquels Alejandro et sa femme font un enfant à l'an 0 puis un autre à l'an 2.

Les voilà donc en chemin pour Futaleufú, Patagonie, où ils passeront dix jours : lui avec la voiture pour les bagages, le reste de la famille en avion jusqu'à Puerto Montt – le trajet serait trop fatigant avec tant d'enfants impatients – où ils se retrouveront tous, le lendemain de ma rencontre avec Alejandro, pour les kilomètres restants. Un jour, il aimerait motiver ses deux fils aînés à parcourir, à vélo et avec lui, la Route australe, qui prolonge la Route 5 à travers la Patagonie. Mais pour cette fois, ils se contenteront de promenades et baignades.

Il n'a donc presque aucun plan jusqu'à leurs retrouvailles, simplement chercher un hôtel, et moi on ne m'attend pas avant dix-huit heures à Calbuco. Il n'est que quinze heures, alors nous décidons de déjeuner ensemble à Puerto Montt. Traversant la ville en direction d'un centre commercial – il s'excuse par anticipation du *fome*, autrement dit de la « nullité » de l'endroit, mais c'est le plus commode pour garer la voiture –, j'apprends qu'elle est surnommée Muerto Montt car il ne s'y passe jamais rien, et que c'est, du point de vue d'un habitant de Santiago, une ville morte.

Dans l'un des nombreux fast-foods que nous trouvons à l'étage restauration, nous choisissons des *bowls* à composer nous-mêmes, agrémentés de frites. Je l'avais prévenu que j'étais végétarienne et lui m'avait répondu que ce n'était pas son cas, qu'il suffisait de regarder son début de ventre pour s'en rendre compte. J'avais ensuite déploré que personne ne me prenne au sérieux quand j'affirme, sur la base de mes lectures, que 14 % des émissions de gaz à effet de serre sont dues à l'élevage, et regretté que l'on ne tire pas plus souvent la conclusion qu'il faudrait au moins baisser drastiquement notre consommation de viande et autres produits animaux. Lui, pour me montrer qu'il m'avait bel et bien écoutée, choisit aussi un menu végétarien.

Pendant le repas, nous parlons de son métier. Bien qu'il sache la télévision saturée d'idioties, il réussit généralement à éviter les sujets les plus pauvres : il se débrouille pour ne couvrir que les faits divers qui lui semblent révélateurs d'un problème plus vaste, de société, ignore les présentateurs des matinales qui le tannent pour participer à leurs émissions, où les mêmes informations sont ressassées en boucle, dans l'unique but de créer du scandale et sans soulever aucune question pertinente. Tant qu'il sera dans les petits papiers de son chef, cela demeurera sans conséquence.

L'un de ses derniers longs reportages se déroulait durant la Coupe du monde de football 2018. Il avait été envoyé en Russie, non pour couvrir les matchs mais, s'emparant de l'occasion, pour présenter les attractions touristiques du pays, mission qu'il mena à bien tout en restant conscient qu'il fournissait ainsi une image biaisée du pays à cause de l'évidente volonté politique de le montrer sous son meilleur jour, mais aussi parce qu'il se doute qu'un énorme gouffre sépare Moscou, la Russie des villes en général et celle des campagnes.

En échange de ces récits, il me demande de l'éclairer au sujet des *Chalecos Amarillos*, les Gilets jaunes, de leurs origines et revendications : la principale information qui soit parvenue au Chili, me dit-il, est qu'un Chilien aurait tagué, au cours d'une manifestation, *Pico pa' Macron*, soit « Bite pour Macron », sur l'Arc de triomphe. Je lui communique donc quelques renseignements basiques sur le mouvement ainsi que sur le contexte dans lequel il est apparu, avant de souligner l'intérêt qu'il a à mes yeux : celui de mobiliser des gens qui ne le sont généralement pas, de leur permettre, grâce à leurs actions, de se rencontrer, de partager des idées, de finir par relier les préoccupations matérielles initiales à des revendications plus globales.

Nos *bowls* sont vides, et comme il a décidé de me rapprocher encore plus de Calbuco, nous repartons et passons d'abord prendre de l'essence. Pendant qu'Alejandro paie, je regarde les quatre Noirs en combinaison orange qui s'affairent, en plein soleil, autour d'une bouche d'égout. En remontant dans la voiture, il m'affirme qu'ils sont haïtiens, et légèrement choquée par cette conclusion hâtive, je lui demande comment il peut en être si certain : dans ce pays enclavé par des montagnes, un désert, un océan et des glaces, les discours racistes trouvent aisément résonance. Mais Alejandro me rassure en m'expliquant les avoir entendus parler, précise qu'il trouve absurde d'être anti-immigration au Chili puisque ce sont les mélanges culturels entre peuples autochtones, colons et esclaves africains qui ont créé la richesse du pays et du continent, et je regrette d'être tout de suite montée, en pensée, au créneau.

Avant cet épisode, il me narrait, comme seuls les automobilistes chiliens l'ont fait au cours de mon voyage, une histoire d'amour : dans sa jeunesse, avant de connaître sa future compagne, il était épris de Fabricia, une autre femme qu'il a su garder comme amie. Alejandro me confie que cette passion l'habite encore par intermittence et qu'il préfère ne pas y penser, mais que parfois on ne lui rend pas la tâche facile : tous ses proches connaissent cet épisode de sa vie, et lorsque Fabricia a récemment reçu, pour son anniversaire, un bouquet accompagné d'une carte disant « Des fleurs qui n'égalent pas ta beauté », tout le monde, y compris son épouse, l'a soupçonné à tort d'être à l'origine de ce cadeau.

*

Une rue du IIe *arrondissement de Paris. Un miroir avec dessus une inscription :* FILLE D'IMMIGRÉS.

Dans ma tête, un dialogue avec moi-même.

— C'est intéressant cette installation. Enfin, je suppose que ça doit l'être, surtout pour les filles d'immigrés qui passent devant et se retrouvent avec ces mots reflétés sur leur visage.

— Intéressant ? Ça ne veut rien dire, pourquoi tu dis ça ?

— Certaines doivent s'y regarder pour la première fois à travers le prisme de cette double discrimination dont elles ont sûrement souffert, sexisme et racisme entremêlés. Peut-être qu'elles en prennent soudain conscience, se comprennent d'une autre façon, l'assument et s'y trouvent belles. Peut-être qu'elles déconstruisent le discours des autres et décident que ce visage, le leur, sera désormais celui d'une femme libre, forte et riche d'une seconde culture d'origine.

— Non mais t'es folle, pourquoi tu dis « elles » ? Maman est roumaine et Papa moitié colombien !

— J'imagine que c'est parce qu'on est blanche et que nos cheveux sont blonds et que nos yeux sont bleus, personne n'a jamais projeté ça sur nous. Malgré le nom colombien, les oncles et cousins aux prénoms hispanophones, Abuelito qu'on n'a jamais appelé Papi, malgré l'autre moitié de la famille en Roumanie et nos fréquents séjours là-bas, on nous a toujours regardée comme une Française.

— C'est vrai, à l'école par exemple, on a appris que les fils d'étrangers, voire les étrangers, c'étaient les Noirs, les Arabes, les Asiatiques, même Niko qui était serbe parce qu'elle aussi, ça se voyait sur son visage, mais pas nous, ou en tout cas dans une moindre mesure.

— Si on avait eu la peau, les cheveux et les yeux plus foncés, on nous aurait traitée de tzigane, de voleuse ou de fille de narcotrafiquants et on nous aurait fermé, ici et là-bas, bien des portes.

— Si la famille était, par-dessus le marché, issue de classes sociales plus populaires, n'en parlons même pas.

— En fait on est une fille d'immigrés. Comment a-t-on pu l'oublier ?

Puerto Montt

Enfin, je ne suis plus sur l'interminable Panaméricaine, mais sur une petite route campagnarde qui longe, grimpant et descendant, virevoltant en courbes à droite et courbes à gauche, la mer.

Le couple qui s'arrête me propose de monter à l'arrière, dans la pénombre créée par l'absence de fenêtres. Ils sont peu bavards, et j'abandonne vite l'idée d'avoir une conversation avec eux. Je ne réussis qu'à leur soutirer ceci : lui est ingénieur dans une ferme de salmoniculture où il contrôle la santé des poissons et elle travaille au greffe d'un tribunal, prenant en notes les sentences et les jugements, sa tête encadrée de cheveux noirs coupés au carré toujours penchée sur un ordinateur.

Un peu avant Calbuco

Juan, Jaime et Patricio en revanche ne cessent de bavarder et de plaisanter. Juan conduit, sa peau bronzée brille presque et son nez présente une inclinaison remarquable. Son voisin, Jaime, tout en rondeur, a des bourrelets qui dépassent de son t-shirt et de son menton. Il porte des lunettes rectangulaires à fine monture noire, ses barbe, cheveux et sourcils sont noirs également, broussailleux et désordonnés. Mon voisin Patricio, lui, est beaucoup plus âgé. Alors que les deux autres ont une quarantaine d'années, lui doit friser la soixantaine, et les rares cheveux qui lui restent sont blancs et bouclent autour de sa tête, bien ronde elle aussi.

Ce sont trois collègues soudeurs qui vont de contrat

court en contrat court, de ville en ville, sans aucune assurance face à l'avenir. Mais ils restent joviaux, lancent des piques à Juan qui est, si j'ai bien compris, amoureux de sa belle-sœur. Ils essaient même de me faire croire que ce sont eux qui ont construit le *piedraplano*, un terre-plein fait de pierres qui relie Calbuco au continent et sur lequel passe notre route.

Calbuco

Il y a dix sapins au total, et au milieu, un homme obèse en jogging gris repose lourdement sur un siège. Il se nomme Richard. Nous ne sommes pas dans une forêt, nous sommes dans un camion, et parmi ces dix sapins, quatre sont jaunes et six sont noirs. Ils sont répartis dans toute la cabine et se balancent allègrement au gré des secousses et des courants d'air qui entrent par les fenêtres ouvertes.

À peine suis-je installée que nous dépassons un poids lourd gravement accidenté, celui auquel j'avais, sans succès, fait signe quelque cinq minutes auparavant. Richard et moi émettons plusieurs hypothèses. S'il s'était arrêté, serais-je morte aussi ? Ou les quelques secondes perdues auraient-elles dévié sa trajectoire du fatal accident ? Aurait-il été plus réveillé ou moins concentré encore à cause de ma présence ?

Pour me rassurer, il m'explique qu'avec lui, je suis quoi

qu'il arrive plus en sécurité, et il pointe du doigt l'avant de son camion, qui se prolonge bien au-delà du pare-brise, comme celui d'une voiture. Dans le milieu, ils appellent cela les « deux mètres de vie en plus ».

Richard, lui, est parti ce matin à cinq heures de Puerto Varas, chargé de grosses boîtes en plastique noir destinées au transport du saumon ; à onze heures il arrivera à destination, une ferme de salmoniculture sur l'île de Chiloé, où il laissera sa cargaison, puis il retournera, la remorque vide, à son point de départ. Puerto Varas fait partie des villes construites au XIXe siècle pour des colons allemands, aidant par leur seule présence le gouvernement chilien à s'emparer de territoires indigènes mapuches et à en « blanchir » la population, violente période cyniquement nommée la pacification de l'Araucanie. Après la Seconde Guerre mondiale, me raconte Richard, une autre vague d'Allemands déferla sur le sud du Chili, cette fois pour chercher de l'or, notamment à Chiloé. Mais ce fut un échec et seuls quelques-uns restèrent, tel son beau-grand-père, le nouveau compagnon de sa grand-mère. En naviguant sur internet, je trouve uniquement des articles faisant mention d'anciens nazis venus y *cacher* de l'or après guerre…

Cette dernière étape accomplie, il rentrera chez lui, à la campagne au bout de l'île, où il passe tranquillement ses jours de congé, à se relaxer avec son fils de quatre ans et sa femme. Richard possède aussi un pick-up pour aller à la plage, mais il est en réparation depuis un mois. Autrefois il avait même son propre camion, mais la meilleure paie ne rentabilisait pas les frais d'entretien, alors il l'a vendu et utilise désormais l'un des véhicules de l'entreprise.

Il s'ennuie beaucoup en conduisant, les paysages lui sont trop familiers, le temps est long, seuls les voyageurs comme moi le distraient. Il m'avoue aussi que nous le faisons rêver, qu'il souhaiterait partir à l'étranger, un jour.

Au cours du trajet, quelque chose parviendra tout de même à l'étonner : tandis que nous sommes stationnés au bord de la route pour regarder mon itinéraire sur son portable, une sorte de petite biche ventrue saute, comme au ralenti, dans les fourrés. Et Richard de s'extasier : un *pudú*, cela n'a rien d'habituel ! Il m'apprend que l'animal a tellement été chassé qu'il est en voie de disparition, et que ce n'est que la deuxième fois qu'il en voit un : la première, le *pudú* était poursuivi par son chien, et pour s'échapper il sauta dans la rivière. Mais le chien en fit de même et, au lieu de nager, s'agrippa à sa proie. Alors Richard et ses amis plongèrent dans l'eau à leur tour, portant secours aux deux bêtes enlacées. Puis le *pudú*, seulement un peu égratigné au cou, s'en alla.

Mais l'apparition du *pudú* se déroule dans le futur, c'est sur l'île de Chiloé qu'elle aura lieu, alors que là, nous sommes encore sur le continent. Entre les deux devrait bientôt se construire un pont, et à moins que les opposants insulaires, ceux qui craignent que sa traversée ne leur coûte aussi cher que le bateau et qu'il ne profite en réalité qu'aux camions, grandes chaînes et touristes qu'il ne manquera pas d'attirer, à moins que ces opposants insulaires ne parviennent à faire entendre leurs voix suffisamment fort, il n'y aura bientôt plus besoin de prendre le ferry. Mais nous n'en sommes pas encore là, et une fois le camion garé à l'intérieur du navire, je propose à Richard de monter avec moi sur le balcon pour regarder la mer. Il hésite, que dirait sa femme se demande-t-il, puis il se décide enfin à sortir de sa cabine.

En haut, il me parle d'elle. Mariela cuisine pour la cantine d'une ferme de salmoniculture et côtoie elle aussi pas mal de gens, mais elle n'en reste pas moins terriblement jalouse. « Ici elles sont comme ça, les femmes, elles te mettent bien le grappin dessus et elles se montrent sous leur vrai jour qu'une fois mariées avec des enfants. Si je lui avouais que j'ai pris une Française en stop, elle m'enfermerait. Elle m'a déjà forcé à me désinscrire de Facebook et m'empêche même de parler tranquillement à mes amis ! » Malgré le mariage et l'enfant, il envisage de quitter Mariela. Ce ne serait pas la première fois, il s'est déjà séparé d'une femme avec qui il avait eu une fille. Cette dernière, qui a aujourd'hui treize ans, me dit-il gravement, a été « privée de ses droits d'enfant ».

Soudain, Richard constate qu'il a oublié son maté dans la cabine, et de toute façon il se sentait à l'étroit parmi tous les passagers, alors il préfère que l'on se retrouve après la traversée. Résistant au suspense – qu'est-il arrivé à sa fille ? –, je reste là et engage la conversation avec une famille de Santiago. Le fils de huit ans tient dans ses bras une petite chienne blanche à poils longs. Elle a une couette sur la tête et s'appelle Blanca, il la couvre de bisous. Il est joyeux et dit qu'il aime bien la France, les mots, la tour Eiffel ; il a même prévu d'y aller dès que sa tirelire sera pleine !

Quand nous repartons, je demande à Richard de poursuivre l'histoire de sa fille aînée. Après le divorce, elle vivait chez sa mère, mais un jour le nouveau mari appela Richard : sa femme quittait régulièrement le domicile, s'absentant plusieurs jours pour rejoindre un autre homme et laissant la jeune fille seule à la maison, privée de son droit à la sécurité. Sur ses conseils, Richard alla donc voir un avocat spécialisé dans les affaires familiales pour réclamer la garde de l'enfant, qu'il obtint. Mais la cohabitation avec Mariela, sa compagne actuelle, dégénéra, il recevait des coups de téléphone à longueur de journée : « Ta fille mange pas ci, ta fille mange pas ça, elle est insupportable, j'en veux plus chez moi. » Pire encore, la mère déclara alors mensongèrement que Richard la harcelait et requit une mesure d'éloignement ainsi que la garde de l'enfant, qui lui furent accordées. Aujourd'hui, Richard a l'interdiction de voir sa fille. Elle refuse aussi tout contact à distance avec lui et est allée jusqu'à subitement couper les ponts avec sa grand-mère paternelle. Selon lui, c'est Mariela qui la manipule, et après avoir vainement tenté de la joindre, il est arrivé à la conclusion qu'il valait mieux la laisser revenir vers lui de son plein gré, quand elle aura grandi.

Décidément malchanceux, Richard me raconte aussi comment, cerise sur le gâteau de ses ratés amoureux, il est passé à côté de la femme de sa vie, il y a bien longtemps déjà. À l'époque il était militaire, et malgré le niveau de vie que l'armée lui offrait – prestige de l'uniforme auprès de la gent féminine, retraite anticipée, assurance santé, formations gratuites et même études remboursées pour son éventuelle future progéniture –, il supportait mal le rythme trop contraignant et les inévitables longues absences, d'autant plus lorsqu'il est tombé amoureux d'une habitante de Puerto Montt. Malheureusement, l'heureuse élue avait déjà un enfant reconnu par un autre homme et, à l'époque, la loi interdisait selon Richard l'union avec une mère dans sa condition. Dans sa voix, on entend encore un soupçon de regret. De cette loi je n'ai trouvé mention nulle part, mais sachant que le droit au divorce n'a fait son apparition au Chili qu'en 2004, je ne doute pas qu'il y ait eu au moins une pression sociale en ce sens.

Il s'est engagé dans l'armée à dix-huit ans, me répond-il, mais il travaillait déjà avant, depuis ses treize ans, l'âge minimum nécessaire pour quitter l'école. Bien qu'il soit illégal de travailler si jeune et sans être guidé par un quelconque besoin financier, il cherchait et acceptait tous les jobs qui se présentaient, « parce que j'en avais envie tout simplement ».

Nous nous arrêtons manger une *empanada*. Elles sont toutes fourrées à la viande, je m'abstiens donc et le regarde manger, l'écoutant déplorer les effets dégradants pour l'environnement et sa propre santé. Nous en profitons pour vérifier l'itinéraire et nous nous rendons compte que j'aurais dû descendre dix kilomètres auparavant. Il remonte alors dans son camion tandis que je reste sur la chaussée, faisant, jusqu'à ce qu'il disparaisse dans le lointain, l'habituel coucou de la main. Ce sont des ouvriers en gilet jaune qui m'aident à rebrousser chemin, prétendant, en apprenant ma nationalité, être la relève chilienne !

*

Maintenant que j'ai compati aux malheurs – possiblement avérés – de Richard, je me permets de me demander quelle serait sa version à elle, son ex... Parce que les femmes folles, hystériques, chiantes ou manipulatrices, à écouter les hommes, il y en a beaucoup, et il est bien arrangeant pour eux que les clichés véhiculés par l'opinion publique valident leurs plaintes, leur permettant de passer du statut de coupables légitimement punis à celui de pauvres innocents sur lesquels plane à tout moment l'arbitraire et incontrôlable colère de leur compagne !

RETOUR AU NORD
SANS PERDRE LE SUD

Castro

En pleine rue, à Castro, je m'essaie au stop en ville. À ma droite il y a l'océan et parfois des épaves de bateaux qui le regardent, abandonnées là, couvertes de mousse. Derrière moi il y a le pont à la gauche duquel se dressent les maisons colorées sur pilotis que l'on voit sur les cartes postales. Dans mon sac, il y en a justement une, de carte postale, où figure l'une de ces maisons, en pleine mer, tractée par divers bateaux : elle déménage.

Là où je me suis positionnée, il n'y a pas de place pour stationner, mais une portière s'ouvre tout de même à mon intention dans la file de droite. C'est une infirmière rentrant chez elle, en périphérie. Elle s'arrête toujours pour les jeunes filles et au cas par cas, selon son intuition, pour les non-jeunes filles. Ses cheveux sont noirs, bouclés, longs, et sa bouche, très haut placée sur son visage, se fend souvent, à défaut de paroles, d'un sourire.

Elle me dépose à quelques kilomètres de là, et alors que je vois sa petite voiture rouge disparaître dans une ruelle, je me mets à lui faire des signes, lui cours après sans succès, mon portable est introuvable, mais elle ne m'a pas aperçue dans son rétroviseur, elle a bel et bien disparu, au coin d'une ruelle. Je fouille dans mon sac et finit par mettre la main dessus. Il était là, égaré dans une poche inhabituelle.

Castro, banlieue

Je ne saurais dire, est-ce lui qui a omis de me donner son nom ou est-ce moi qui l'ai oublié ? Dans ma tête, il est resté catalogué comme le Type à la Grue. Il allait à Puerto Montt, et de là il prendrait un avion direction Santiago, où il ferait l'acquisition d'une grue neuve pour l'entreprise de pêcheurs de saumon dont il est le patron. Il me laisse admirer l'application qu'il utilise, lui permettant de visualiser en temps réel la position de chaque bateau – multitude de points rouges sur l'océan bleu foncé presque noir –, après quoi il exhibe fièrement une photo de la grue sur un dépliant du fabricant tiré de son portefeuille : c'est une grue mobile, elle se replie et se transforme en un petit camion plutôt mignon. Les grues le passionnent visiblement, puisqu'il ira bientôt jusqu'en Allemagne pour en découvrir d'autres modèles. Il profitera de l'occasion pour faire, sans son épouse, le typique parcours touristique de l'Europe : Espagne, France, Italie, Angleterre, Hollande, deux jours dans telle ville et trois dans telle autre, condensé, efficace. C'est préférable d'être seul pour voyager, soutient-il : « Imagine, t'arrives à Paris, tu rencontres une belle Parisienne, Paris c'est la ville de l'Amour tu sais, et là pas de Bol, y a ta femme ! » C'est vrai, j'acquiesce gravement, si ta femme est là c'est embêtant, ça risque de créer des complications, en plus oui oui, des belles Parisiennes il y en a par centaines, excellent choix, je n'aurais pas pu dire mieux.

Avant de me déposer à Dalcahue, il souhaite savoir si je serai à Santiago en même temps que lui – je l'avais prévenu que je remonterais bientôt vers la capitale – mais nos dates de coïncident pas. Pourquoi les gens s'obstinent-ils à espérer des retrouvailles ? Ne se rendent-ils pas compte que l'on n'aurait plus rien à partager ? En stop, cela fonctionne parce que le trajet commun, la spontanéité nous réunissent, mais hors de ce contexte privilégié, l'intérêt s'évanouirait. Enfin, pas nécessairement, parfois on connecte plus… Mais pourquoi certains ne détectent-ils pas cela ? Pourquoi veulent-ils toujours prolonger, s'ajouter sur Facebook ? Pourquoi ne se contentent-ils pas de garder ce moment en mémoire, comme une charmante parenthèse qui s'ouvre et se referme, sans la laisser s'éterniser inutilement, sans laisser s'insinuer l'ennui ou la désillusion ? Pas nécessairement, juste les fois où on les voit d'avance se profiler, cet ennui et cette désillusion, celles où l'on sait qu'il suffirait d'un rendez-vous supplémentaire, d'un échange de messages superflu, pour que la beauté du souvenir soit réduite à néant.

Dalcahue

Fabian est un habitant heureux de Puerto Montt qui estime l'appellation Muerto Montt injustifiée, mais il est originaire de Castro, sur Chiloé. Tous les jours, il retrouve son île natale, qu'il sillonne en voiture pour le travail, d'un bout à l'autre, partout où un supermarché, une supérette ou un restaurant fait appel à ses services de livreur de boissons. Gazeuses, énergisantes, alcool, eau, il propose de tout, il décharge la marchandise, prend les commandes, démarche les commerces, dégotte de nouveaux contrats, c'est ce qu'il fait depuis toujours, enfin, depuis qu'il a quitté l'école. Aujourd'hui par exemple, il doit se rendre à Ancud et Dalcahue. Lui aussi, fièrement, me montre son application professionnelle, moins attirante que celle du Type à la Grue, elle ressemble à celle des serveurs qui tapotent sur leur tablette dans les restaurants : des cases avec des boutons, des listes, des menus déroulants.

Vêtu d'une veste Pepsi bleue et d'une casquette rouge, il évoque Mario Bros. Sa tête est ronde, ses cheveux très courts et ses poils de barbe de moins en moins nombreux au fil des kilomètres : tout en conduisant, il se rase, avec une machine à trois lames circulaires dont la batterie dure une semaine entière, raison pour laquelle il y est particulièrement attaché, il n'a ainsi besoin de la charger que le dimanche. Fabian déplore cette mauvaise habitude, se raser en conduisant cela peut constituer un danger, mais il n'y a là rien d'extraordinaire selon lui, ce serait typiquement chilien d'avoir des mauvaises habitudes. Ses compatriotes roulent souvent, et en particulier sur l'île de Chiloé, en état d'ébriété, tiennent leur téléphone au volant au lieu d'utiliser le système mains libres, boivent démesurément, et bien pire encore. En ce qui le concerne, il a déjà réglé son problème d'alcool, depuis trois ans qu'il n'en a pas bu une goutte, reste à s'occuper de celui du rasage.

Lorsqu'il me propose de mettre de la musique, je lui suggère, espérant repartir avec une autre caractéristique régionale qu'un paquet de mauvaises habitudes, de me faire écouter une chanson typiquement *chilote*, il en passe une qui s'intitule justement *Ese Chilote Marino*.

Ensuite, comme tout le monde ou presque, Fabian me demande mon âge, je lui réponds dix-huit et ajoute, anticipant la remarque à laquelle j'ai généralement droit : « Je sais je suis un bébé », *del último modelo* comme on dirait ici, mais lui ne trouve pas, il juge que dix-huit ans ça va, que c'est plutôt adulte. Ravie de mon nouveau statut de grande personne, je descends.

*

Ici, on voit toujours le verre à moitié plein en ce qui concerne les vices. On ne dit pas d'un alcoolique qu'il boit exagérément ni d'un drogué qu'il est dépendant ni d'un boulimique qu'il mange trop mais qu'ils excellent dans ces domaines, les pathologies sont perçues comme des compétences : *bueno pa' tomar*, *bueno pa' las drogas*, *bueno pa' comer*, respectivement doué pour boire, pour les drogues et pour manger. Et pour qu'il y ait des doués il faut bien qu'il y ait des nuls auxquels se comparer, eux sont *malo pa' quemar*, *malo pa' tomar*, respectivement nuls pour fumer et pour boire.

La question reste : et moi, dans quel vice suis-je la meilleure ? Je suppose que je suis *buena pa' weviar*, soit, dans l'une des traductions possibles, douée pour faire chier.

Vers Ancud

Il s'appelle Juan, Don Juan II pour être exacte. Grand, immense, imposant, il parcourt sans hésiter son petit bout de chemin, tous les jours identique, tranquillement et sans jamais dévier de sa trajectoire. Il est jaune pâle aussi, son nom est écrit en majuscules noires sur ses flancs. C'est un bateau, un ferry même.

Don Leobaldo III aussi est grand, mais ni jaune ni imposant, plutôt foncé et maigre, longiligne, perdu dans ses vêtements. Il a la trentaine et un air étrange sur son visage en lame de couteau, on se demande ce qu'il peut bien vouloir, quelque chose qu'il préfère taire à coup sûr. Lui ce n'est pas un bateau, il n'a pas son nom tatoué sur ses hanches, il ne sait pas même d'où vient ce patronyme que son père et son grand-père portaient déjà, aucun moyen de l'apprendre, ce dernier ayant emporté dans sa tombe l'histoire de ce prénom peu commun.

Leobaldo a effectué le déplacement sur Chiloé pour une réunion exceptionnelle à Dalcahue, en tant qu'ingénieur de production dans une usine d'emballages plastiques destinés au conditionnement des saumons. L'impact environnemental du plastique préoccupe l'entreprise, la preuve en est que Leobaldo s'est déjà rendu à une série de conférences sur le sujet au Luxembourg et s'envolera même bientôt pour l'Allemagne, où se dérouleront d'autres colloques consacrés aux alternatives biodégradables. Mais un obstacle de taille se dresse encore sur la voie d'une éventuelle reconversion écologique : les matières premières naturelles sont beaucoup plus onéreuses et leur utilisation impliquerait une flambée des prix et la perte de nombreux clients au profit de la concurrence.

En dehors de son travail, me dit-il, il a trois enfants, deux filles de vingt-deux et dix ans et un fils de mon âge. « Je te montre une photo », propose-t-il avec malice. J'accepte, bien sûr, mais à sa vue j'évalue son âge à quinze ans et, sans réfléchir, je m'exclame : « Aaah mais c'est une vieille photo ça ! » Réalisant après coup qu'elle est au contraire tout à fait récente, j'essaie de rattraper ma gaffe d'une autre façon. Il attendait certainement que je le trouve mignon, mais je ne saurais m'extasier devant un joli bébé, alors devant un pas-très-joli-garçon-un-peu-gamin-de-dix-huit-ans c'est vraiment trop m'en demander, et je me rabats sur l'option « m'enquérir de ce qu'il fait dans la vie ». J'apprends qu'il débutera à la rentrée des études de thérapie occupationnelle.

Sur ces entrefaites – nous avons quitté le *Don Juan II* depuis quelque temps –, je me sépare de Leobaldo qui part vers Puerto Montt, enrichie de la seule chose qu'il a trouvé à me donner dans sa voiture, une canette de Red Bull. Je ne bois pas de Red Bull, je trouve ça absolument écœurant, mais ma route croisera forcément celle d'un camionneur éreinté à qui l'offrir.

Route 5, près d'une sortie vers Puerto Varas

Le véhicule, un 4 × 4 bleu, est sale à l'extérieur, tout éclaboussé de boue, et son pare-brise poussiéreux, mais c'est sans importance, le conducteur n'a rien à démontrer, ne ressent nul besoin d'impressionner ses semblables : l'intérieur est irréprochable et lui aussi. La cinquantaine, les cheveux récemment coupés, un costume parfaitement ajusté et une montre en bambou sobre, raffinée et sans doute coûteuse, il est œnologue.

À peine a-t-il le temps de mentionner le cépage carménère, quasiment disparu de France depuis le XIXe siècle et les ravages du phylloxéra, puis redécouvert un siècle plus tard au Chili, incognito parmi des plants de merlot, que la dernière sortie vers Puerto Varas apparaît.

Il m'a avancée de cinq kilomètres, je le remercie et me sépare de lui.

Un peu plus loin, près d'une autre sortie vers Puerto Varas

Ce que mon nouvel automobiliste m'a raconté : en 1960, l'un des volcans de la région est entré en éruption détruisant tout alentour, entre-temps un village s'est néanmoins construit au pied du même volcan, en 2015, une nouvelle éruption l'a recouvert de lave et de cendres, ne laissant de ses habitants que le souvenir à une exception près, lui, l'unique rescapé ; ainsi contraint à déménager, il s'est acheté un hectare au bord de la Route 5 et y a ouvert une *picada*, un restaurant populaire, pour routiers en l'occurrence.

Ce que je me suis empressée de penser : « Par moments et par endroits, la nature, ouvertement victorieuse et souveraine, marque son territoire et nous intime de partir. Elle nous prévient que quoi que l'on fasse, elle nous harcèlera sans relâche ni pitié, et cela me soulage de penser que nous ne sommes pas toujours les plus forts, nous et nos machines, que parfois il ne nous reste qu'à nous rendre, à accepter notre place dans un ensemble plus grand, rempli d'autres.

N'est-ce pas libérateur de réaliser que l'on n'est pas supérieurs, au-dessus d'un tout, mais que l'on en fait partie, que l'on peut s'y mouvoir à sa guise sans se préoccuper de bien le dominer en toutes circonstances ? Je me dis que si l'on restait un peu à notre place et que l'on écoutait les volcans, les tsunamis, les tremblements de terre, les pandémies et tous leurs acolytes, il n'y aurait ni morts ni blessés ni déplacés à déplorer, ou en tout cas infiniment moins. »

La version d'internet : aucune des grandes éruptions qui ont eu lieu au Chili ces dernières décennies n'a fait de victimes ni n'a détruit de village, et moi, on ne me la fait plus.

Un peu plus loin, toujours sur la Panaméricaine

La cabine du poids lourd où je suis montée est tout enfumée. En m'y installant je me fais la réflexion que ça sent le cigare, mais après un coup d'œil vers Juan, camionneur aux yeux rieurs, je vois que ce n'est qu'une cigarette qu'il a à la bouche.

Quelques jours auparavant, je campais avec une amie au bord d'un lac en Argentine, et vers une heure du matin, deux pêcheurs amateurs d'une trentaine d'années, attirés par notre feu de camp, ont accosté sur notre plage, partagé avec nous quelques bières, de la liqueur au chocolat et à la confiture de lait et même un cigare chocolaté, avant de nous proposer de les accompagner pêcher. Au-dessus de nos têtes, la Voie lactée, sous la coque, le lac, une truite de six kilogrammes a mordu à mon hameçon, j'ai tourné tourné tourné le moulinet, l'ai attrapée dans une éprouvette et l'un des pêcheurs l'a mortellement assommée à l'aide d'une tenaille. Puis nous sommes rentrées, sans la truite, mon amie et moi étant végétariennes. Je raconte cela parce que je me dis que c'est peut-être à cause de ce cigare-là, le premier de ma vie, que cette odeur fait désormais partie du panel olfactif dont peut s'emparer mon imagination.

Dans le camion de Juan, je suis assaillie par la fatigue, peu loquace, alors je m'en tiens au minimum : Tu viens d'où ? Puerto Montt. Tu vas où ? Santiago en passant par Temuco pour récupérer une deuxième remorque laissée à l'aller, et aussi pour acheter un radiateur pour ma nièce, l'usine est à Temuco et ça coûte deux fois moins cher qu'en magasin. Tu transportes quoi ? Je transportais du détergent, mais là je suis vide, t'as pas remarqué les roues ?

Je n'ai pas remarqué les roues, je n'ai pas la moindre idée de ce dont il me parle, alors il m'explique que certains camions vides roulent avec une rangée de roues légèrement surélevées, que cela s'autorégule selon le poids et permet de ne pas user inutilement les pneus mais aussi de différencier, lors des péages et contrôles, celui qui est vide et celui qui ne l'est pas. Pendant la demi-heure suivante j'ouvre grands les yeux, d'abord j'ai du mal à voir de quelle rangée de roues il s'agit, et dès que nous croisons, doublons ou nous faisons doubler par un camion, je dis « *¿ Este está vacío ?* » ou bien « *¿ Aaah este va lleno ?* ». Juan répond parfois oui et me félicite, d'autres fois non, que je devrais regarder mieux, ou encore la question ne se pose pas car le camion concerné est trop petit ou si vieux qu'il n'est pas équipé de ce système.

Ça y est, je ne me trompe plus, cela me sera bien utile pour ne faire signe qu'à ceux qui ont déjà déchargé, parce qu'ils roulent plus vite.

Juan semble emballé par le sujet, alors je me prête au jeu et l'interroge encore :

Tiens ce camion est vraiment moderne, il fait *bvvvvp* dès que tu changes de voie, est-ce qu'il a un détecteur optique de lignes blanches ?

Non, il se base sur les mouvements du volant, si je vire sans clignotant il pense que je suis peut-être endormi et fait le bruit, mais si je l'ai mis il se tait. Il me signale aussi quand il y a un autre véhicule trop près. C'est un camion neuf, il est équipé d'un frigo, regarde, il est là, et avant il y avait même une télé mais elle est tombée par la porte ouverte (seul vestige de cette télé, la télécommande encore posée sur le tableau de bord). Donc le camion est bien, les routes aussi d'ailleurs, mais elles sont hyper chères. En plus c'est que des concessions étrangères, notamment espagnoles, alors ça ne rapporte rien au pays. De toute façon ici rien n'est gratuit, on paie des impôts mais on ne reçoit rien en échange.

Il n'est pas le premier à me le dire, alors je donne vaguement le change puis nous nous taisons, un long moment. Il s'excuse d'être si peu bavard, il est tellement habitué à la solitude qu'il a oublié l'art de la conversation. Au début il adorait son métier, mais il l'exerce depuis ses vingt-quatre ans, en a maintenant quarante-neuf et ne trouve plus aucun remède contre l'ennui. L'idée de devenir chauffeur international ne le tente pas, parfois il faut rester au Brésil ou en Argentine des semaines entières à attendre une cargaison, toujours attendre. Il est si isolé qu'il se parle parfois à lui-même, c'est devenu machinal, il ne s'en rend plus compte, pas même quand quelqu'un l'accompagne dans ses voyages, telle sa fille de huit ans, qui adore se moquer de lui.

Juan a aussi, d'un premier lit, un fils de vingt-deux ans qui étudie l'ingénierie automobile. Aujourd'hui il est comblé par sa condition de célibataire, s'il se remariait, remarque-t-il, « faudrait encore faire des enfants », alors qu'il est déjà grand-père. Il y a déjà quatre ans, son aîné a eu une petite fille, par accident. Juan ne comprend pas, comment peut-on tomber enceinte involontairement malgré tous les moyens de contraception qui existent et surtout la pilule du lendemain ? Pour lui, il n'y a pas d'involontaire qui tienne, c'est leur faute. Évidemment c'est dommage pour son fils, à présent obligé, pour subvenir aux besoins de sa famille, de travailler à côté de ses études comme gardien de nuit dans un supermarché, mais n'était-ce pas la seule conduite à adopter ? C'est même courageux de sa part, Juan ne peut se plaindre de s'être autant tué à la tâche dans sa jeunesse : entre ses dix-sept et ses vingt-quatre ans il était complètement oisif, avait arrêté ses études et vivait aux crochets de ses parents.

Des voyageurs-cyclistes croisent notre trajectoire, et Juan s'extasie : « Je les ai déjà vus hier matin à deux cents kilomètres d'ici ! » Lui ne fait pas de sport, quand il finit une livraison, il dépose le camion, prend son pick-up et rentre chez lui à Chillán. En dehors de son métier nomade, il est plutôt sédentaire, ne sort jamais sans son pick-up, et d'ailleurs il n'a jamais mis les pieds hors du Chili non plus, ça ne l'intéresse pas. Bientôt, il prendra par exemple un mois de vacances – normalement c'est trois semaines annuelles mais grâce à son ancienneté il en a obtenu quatre – et se contentera de rester chez lui, au repos complet, peut-être bien végétatif.

Nous marquons deux pauses. La première dans une station-service, où il m'achète un cookie et un brownie – il faudra d'ailleurs que je pense à lui donner ce Red Bull qui m'a été offert plus tôt dans la journée. La deuxième pour livrer trois colis, petit extra qu'il combine à ses courses régulières, dans un village plutôt paradisiaque selon moi, nommé Gorbea. Nous le traversons en long et en large jusqu'à trouver la calle Alcalde Dagoberto, rue du Maire-Dagobert. Les herbes sont hautes, les arbres feuillus, et les vieilles maisons bardées de planches de bois horizontales semblent peiner à émerger de toute cette verdure. Au loin à l'ouest il y a la cordillère des Andes, et au loin à l'est la cordillère de la Côte.

Temuco

À la sortie de Temuco sur la bande d'arrêt d'urgence, je me tiens debout, le pouce levé. Je le baisse seulement quand un camion apparaît : j'en suis lassée, leur vitesse est limitée et leurs chauffeurs me font souvent des avances. Au bout de quelque dix minutes sans rien de concluant, j'abandonne pourtant ma rébellion routière et le garde levé à l'approche de l'un d'eux. En général, ils s'arrêtent les camionneurs, cela se comprend, c'est une façon de lutter contre l'ennui qui les assaille. Solitaires, enfermés, ils ont tout à y gagner. Dans ce camion, de loin, je distingue un homme d'une quarantaine d'années, visage contracté, presque renfrogné, un peu difforme, comme si son axe de symétrie se décalait soudainement vers la gauche à partir de la mâchoire. Je me fais la réflexion qu'il ne s'arrêtera pas, il va bien trop vite, mais au dernier moment il vire, se faufile entre deux autres véhicules et freine brutalement sur la bande d'arrêt d'urgence.

Pour vous servir, John, colombien, droit venu d'Ancud, Chiloé, chargé de produits du supermarché Lider, se dirigeant à cent kilomètres heure malgré la restriction à quatre-vingt-dix, vers Santiago.

Une des choses qu'il aime, au Chili, c'est que les camions soient neufs et performants. Il mentionne aussi la meilleure qualité des routes, la platitude de la Vallée centrale que traverse la Route 5, l'absence de risques de kidnapping de camion, et bien sûr les salaires largement plus élevés, c'est pour toutes ces raisons qu'il y travaille depuis deux ans. En tant que Colombien, il est facile de trouver un poste, affirme-t-il, « parce qu'on est très besogneux, nous ». Les Chiliens, eux, sont paresseux, se cachent au moment de charger pour différer le départ, veulent être payés à ne rien glander, ils ne pensent qu'à partir en vacances ou en week-end. La preuve, dans sa boîte, la moitié des employés sont colombiens, il n'y a pas de hasard. Mais son plan sur le long terme, à John, ce n'est pas de rester là éternellement : en Colombie, sa femme de trente ans étudiante en comptabilité, sa fille de six ans, Maria Paula, et son fils de huit ans, Juan David, se languissent de lui. Ils devront patienter jusqu'à ce qu'il ait mis assez d'argent de côté pour rentrer au pays et s'acheter un petit commerce. Ce n'est pas qu'il n'aime pas son métier, me confie-t-il, au contraire, son statut actuel de chauffeur international lui plaît bien. Aller au

Brésil, en Argentine… Mais il ne veut pas avoir de chef en Colombie, là-bas, la vision du travail et de l'organisation est bien trop folklorique, on ne sait jamais ce qui va vous tomber dessus, mieux vaut être à son propre compte et ne répondre à personne. Il a même une autre idée, pour accélérer le processus : s'expatrier en Espagne pendant deux ans. Certes, il verrait encore moins sa famille, mais il s'agirait d'un sacrifice calculé. Selon ses dires, il existerait un traité entre l'Espagne et le Chili autorisant quiconque, ou du moins les camionneurs, résidant au Chili à occuper un emploi en Espagne ; John est en train d'accomplir des démarches administratives pour faire valoir ce droit.

Actuellement, il habite à Curicó où il loue une pièce chez un collègue colombien, qui a, lui, amené sa famille. Ils cohabitent aussi avec un autre locataire, un troisième collègue-compatriote, Nolberto.

Ils sont parfois victimes de racisme, de moins en moins apparemment, mais tout de même : on les traite de narcotrafiquants, de maquereaux, de profiteurs, et ces réactions les poussent à se retrancher et à rester entre eux.

Nolberto, je l'ai rencontré à la pause déjeuner, dans une *picada* où quelques poules et chats faméliques reposaient à l'ombre d'une arrière-cour, sur un sol de terre battue, poussière et déchets. Il est très gros – en 2019 au Chili, 74 % des adultes et 40 % des enfants sont obèses ou en surpoids, soit plus que partout ailleurs dans le monde –, a les yeux bleus et n'a pas grand-chose à me raconter.

John me paie mon repas ; une fois de retour dans le camion, je lui dis que ce geste me rappelle la Colombie, que là-bas c'était monnaie courante. Il me répond qu'il est ravi d'avoir fait ma connaissance et me donne un bracelet pour que je me souvienne de lui. Il est constitué d'une perle aux couleurs du drapeau colombien, jaune-bleu-rouge, suivie de chaque côté, symétriquement, par un double jeu d'une perle dorée et de deux perles noires, et fermé par un nœud coulissant. Puis nous reprenons notre conversation sur la Colombie, ses innombrables musiques traditionnelles, les Caraïbes, la nourriture, la chaleur, l'amabilité des locaux, le café, le désert de La Guajira et les autres endroits qui m'ont tant plu. Je lui avoue qu'un jour j'aimerais m'y installer plus longuement, une année peut-être, ou un peu moins ou beaucoup plus. Je m'y suis sentie tellement bien, mais en y repensant honnêtement, les hommes étaient tout de même problématiques. J'y ai enduré une période d'intense déception, au point d'en conclure que la moitié de la population de ce pays – masculine – était à éviter : il m'était insupportable de ne jamais pouvoir être seule sans qu'un homme d'au moins vingt ans de trop ne vienne m'aborder, chaque discussion avec un inconnu aboutissant à des propositions sexuelles. John comprend mon sentiment, pense qu'il faut traiter les femmes de manière respectueuse mais affectueuse, prendre soin d'elles. Mais en même temps, pour lui, c'est inévitable cette drague perpétuelle, parce que chacun de ces hommes, individuellement, ressent une sincère attirance pour moi, qu'il ne refoule pas car il se considère, lui, tel un cas isolé, et non comme un élément interchangeable parmi une foule d'autres dragueurs. Si moi je les perçois en revanche comme une vulgaire répétition les uns des autres, eux ne s'en rendent pas compte, ils se croient attirants, uniques, irrésistibles. Il ne le formule pas comme ça, mais c'est ce que j'imagine qu'il voulait exprimer.

*

Un jour d'août 2018, le désert de La Guajira, Colombie, et la mer Caraïbe qui l'entoure furent témoins d'un dialogue entre un Amérindien du peuple wayúu nommé Twenty et moi ; la mer Caraïbe mais aussi l'océan Pacifique savent cela, que parfois, sur leurs côtes, les humains s'appellent Twenty ou Fourty parce qu'ils trouvent l'anglais si cool, et d'autres fois Usnavy, d'après les noms des bateaux de l'US Navy qui passent au large.

Alors qu'il venait de me proposer de coucher avec lui, faisant valoir que je pourrais ensuite me targuer d'avoir eu un Wayúu dans mon lit, je tentai ingénument de lui expliquer pourquoi ce genre de propositions me semblaient, sans même parler de machisme, importunes.

Je me lance : « Imagine que tu es en vacances dans un pays dont les habitants n'ont jamais vu un homme à la peau mate, aux cheveux et aux yeux obscurs ailleurs que dans un film. Imagine que toutes les femmes blanches, blondes et aux yeux clairs de ce pays n'ont, alors même qu'elles prétendent vouloir te connaître, t'aider et te faire découvrir leur culture, qu'un seul dessein, celui de négocier tes charmes, de s'en emparer et d'en tirer du plaisir. Imagine qu'elles ne pensent qu'à ça et que toi tu les écoutes, l'une après l'autre, s'inscrire dans cette longue liste de tes prétendantes qui se fichent de tes pensées et sentiments et pour lesquelles tu n'es qu'un corps désirable, qu'à chaque fois tu espères que ce sera différent, qu'à chaque fois tu te trompes, qu'à chaque fois tu as peur. »

À cela, le Wayúu me répondit qu'il adorerait se trouver dans cette situation, et l'entendant se réjouir, le désert, la mer et moi soupirâmes, résignés, un peu moins idéalistes que la veille au soir.

Le lendemain, la femme wayúu qui me louait cinq mètres carrés de plage pour que j'y plante ma tente confirma : « Pour eux, tu n'es rien d'autre que de la chair fraîche. » *Carne fresca*.

Chillán

Ingrid et Ema roulent vers Concepción. Ingrid, qui conduit, vit à Temuco et enseigne l'anglais dans une école de Los Ángeles. Son travail l'épanouit, ses élèves sont globalement assidus, curieux, et les réticents sont rares, même s'il leur arrive à tous de lancer, quand l'insolence s'empare d'eux, des questions du genre : « Hé m'dame, pourquoi vous v'nez à l'école ? » Alors elle leur répond, incrédule : « Parce qu'on me paie, mais vous ? », et ils repartent dans leur coin, la queue entre les jambes, après un dernier « Ha ha, pas drôle m'dame ». Ses parents habitent à Concepción, et c'est pour les rejoindre qu'elle a aujourd'hui pris le volant.

Ema est un bébé d'un an et trois mois, c'est la fille d'Ingrid, et elle supporte mal le son de ma voix. C'est du moins la façon dont j'interprète les pleurs qui la saisissent dès qu'un mot sort de ma bouche.

Le reste du trajet, je m'abstiens donc de prendre la parole et me laisse bercer par leur conversation :

Oooooh, regaaarde, une vache ! Elle fait comment la vache ?

Mmmeeuuuuh

Et le dinosauuure, il fait comment ?

… ? !

Tu veux un biscuit ?

Yaaaaa

Regarde, c'est le plus groooos biscuit du monde !

… (*Ema extirpe sa main de sous ses nounours et la tend.*)

Et regarde, un énoooorme camion ! Ça fait comment les camions ?

Miaouuu

Concepción

À Concepción j'avais rendez-vous avec Evelyne. Vous rappelez-vous Evelyne ? Une Chilienne au Pérou ? En compagnie de Yeison, un Colombien qui se prétendait fervent croyant pour que l'Église lui paie ses études ? D'ailleurs, entre vous et moi, cet escroc de bas étage a fini par entourlouper Evelyne aussi : ils avaient acheté ensemble des bracelets qu'ils comptaient revendre, mais un beau jour Yeison et la marchandise se sont évanouis dans la nature. Ici, c'est ce que font les éternels-jeunes-voyageurs-économes, ils vendent des objets qu'ils fabriquent ou non, bijoux, gâteaux, ou bien ils jonglent aux feux rouges, jouent de la musique dans les bars, restaurants, bus. Mais Yeison, lui, ajoute à ces pratiques une touche personnelle, le mensonge et la malhonnêteté.

J'ai donc retrouvé Evelyne chez sa mère et son petit chien blanc et son chat. J'y ai beaucoup mangé, peu parlé, me suis plutôt ennuyée, et malgré tout j'ai décidé de rester avec elle et d'aller rendre visite au reste de sa famille, à San Fabián, plus au nord. Nous avons donc pris la route dès le lendemain, une fois encore soumises à la générosité des automobilistes, sachant bien qu'au Chili, paradis de l'auto-stop, nous aurions sans doute plus de chance qu'au Pérou.

Un couple âgé et fort peu loquace, composé d'un

monsieur très propre sur lui et d'une dame toute menue avec une tête rectangulaire trop grande pour son corps, nous a emmenées jusqu'à Chillán, puis un camionneur qui s'est présenté comme brésilien jusqu'à San Carlos. Il était beau, imposant, musclé et bronzé, en permanence souriant, il portait avec désinvolture sa vingtaine-latino-sexy et s'appelait Moisés. Avant de nous laisser descendre, il avoua, certainement pris de remords, qu'il n'avait de brésilien que deux noms de famille dont il ignorait en outre la provenance exacte, et qu'en vérité il n'était qu'un Chilien au Chili.

*

En observant attentivement la Panaméricaine au niveau du sud du Chili, je me suis rendu compte que le colossal pick-up rouge, qui se décline finalement aussi en blanc, noir ou gris, n'est pas le typique moyen de locomotion des employés de la mine mais celui du Chilien en général. En les comptant, j'en ai approximé la proportion parmi les autres véhicules : 1/4.

Autant de fois qu'il m'a été donné d'en voir, je me suis posé la question : mais que transportent donc ces gens ?

Et celle-ci qui en découle : s'ils ne transportent rien de particulier, pourquoi investissent-ils des sommes astronomiques dans un véhicule surdimensionné à la consommation d'essence bien plus élevée ?

Plusieurs idées me sont venues :

- Originalement, ils cherchent à démontrer leur richesse à travers la taille de leur voiture.
- Plus originalement encore, ils cherchent à démontrer leur virilité à travers la taille de leur voiture.
- Ils ont vu trop de films américains.
- Ils cherchent à palier l'instabilité professionnelle : avec un pick-up, le champ des possibles s'ouvre, on peut en cas de besoin se convertir en livreur, déménageur, organisateur d'événements.
- Ils aiment que le pick-up soit tout-terrain et serve à la campagne comme en ville, à plusieurs comme en solitaire, sur des pistes accidentées comme sur une route fraîchement goudronnée.
- Ils sont rassurés à l'idée que le jour où ils auront un encombrant à déplacer rien ne les en empêchera, ils veulent parer à toute éventualité, autosuffisants, sans nul besoin d'aide extérieure. Ils pensent que c'est ça la liberté.

J'ai même remarqué, en réfléchissant, que moins d'un quart de mes bienfaiteurs circulaient en pick-up, et donc supposé que leurs conducteurs ne s'arrêtaient pas autant pour les auto-stoppeurs que les autres automobilistes, même s'il est tout à fait envisageable que d'autres facteurs, tels la durée moyenne de leurs trajets, le pourcentage d'entre eux qui sont effectivement trop chargés pour accueillir de passagers ou encore le biais du hasard, soient intervenus.

Je devrais m'en acheter un tiens, au lieu de mendier

misérablement quelques kilomètres dans les remorques bringuebalantes de ceux des autres. Dedans il ferait chaud, j'y serais à l'abri des intempéries, je pourrais aller où je veux quand je veux avec qui je veux, je pourrais ramasser des auto-stoppeurs, leur raconter avec complaisance que moi aussi j'y ai recouru quand j'étais jeune, fauchée et bohème, ou encore me garer en pleine campagne et m'avachir en bronzant dans le canapé que j'aurai installé à l'arrière, ma musique préférée propulsée par les enceintes et résonnant aux alentours, un livre dans une main et une tartine au fromage dans l'autre.

San Carlos

Depuis une semaine, le Chili est submergé par une vague de chaleur. C'est sous un soleil de plomb et quarante-trois degrés que nous marchons, Evelyne et moi. Notre discussion se résume à « On se croirait dans un four ! », « J'en peux plus j'ai trop chaud, quand est-ce qu'on s'arrête ? » ou « Au premier coin d'ombre ». Au bout de dix minutes, nous trouvons finalement un petit arbre égaré au bord de la route, au pied duquel nous nous abritons alors.

Une voiture déjà bien remplie s'arrête : à l'avant il y a Yeyo, trente-cinq ans, chemise bleue aux premiers boutons ouverts, lunettes de soleil, petit bouc, cheveux noirs coupés court, qui conduit, et à sa droite, une jeune femme de vingt-neuf ans, Denis, au t-shirt blanc qui laisse deviner son soutien-gorge, legging très moulant, cheveux noirs, longs, fins, ondulés. Elle prend sur ses genoux mon gros sac à dos. À l'arrière trépigne Joaquín, huit ans, maigre, crâne presque rasé, grands yeux bleus interrogateurs, qui s'écrase contre des provisions pour nous libérer un peu d'espace. La vitre de son côté est cassée, des éclats de verre jonchent encore le sol. Dans le coffre, personne, seulement le sac à dos d'Evelyne, couché de tout son long.

Avant que nous ne montions, Joaquín, pas du tout intimidé, entame la conversation par l'autre fenêtre ouverte : « Vous allez camper ? » Je réponds que non, nous allons rendre visite à la famille d'Evelyne, et lui renvoie sa question. Eux oui, dans un camping au bord d'une rivière, près de San Fabián.

À peine assises, Denis demande si l'une de nous n'a pas un élastique à lui prêter ; le sien, qui n'est qu'un fil noué, emmêle – ô drame ! – ses cheveux bouclés. Evelyne n'hésite pas, elle détache ses propres cheveux et lui tend le sien, puis elle lui livre que naturellement ils bouclent aussi, que son secret pour les lisser est l'huile de coco. Denis l'accepte sans gêne aucune et répond qu'elle adore ses cheveux tels qu'ils sont. Ensuite elle sort une barquette contenant du ceviche aux fruits de mer, mais Yeyo se plaint que l'odeur lui donne la nausée et elle renonce à le manger.

Enfin, ils se présentent. Yeyo est un ami de Denis,

qui est la mère de Joaquín. Ils passent régulièrement le week-end ensemble mais habitent des villes différentes : Yeyo à San Carlos et Denis, Joaquín et son autre enfant Josefa, un bébé de quelques mois, à Chillán. Les pères des deux enfants sont absents, de mauvais pères affirme-t-elle, mais au moins ils donnent de l'argent. Ce week-end, c'est la première fois que celui de Josefa accepte de s'en occuper ; celui de Joaquín, nul ne sait où il est ni ce qu'il est devenu.

Denis, elle, tient aujourd'hui la caisse dans une pharmacie, mais après ses études elle a travaillé dans de nombreux domaines. Elle nous raconte notamment comment, alors qu'elle était serveuse dans un bar de La Serena, elle a failli devenir membre du conseil municipal. Son copain de l'époque y siégeait, elle l'accompagnait souvent à des dîners entre politiques, et au vu de son engagement teinté de sympathie communiste, on lui a proposé un poste. Au dernier moment, elle a préféré décliner, à cause de tensions dans son couple.

Denis et Joaquín me plaisent. Ils sont volubiles, énergiques, ont un air intrigant et hors du commun, et je convaincs Evelyne d'aller plutôt camper avec eux. Yeyo, lui, économise ses mots, il a l'air déprimé et peu amène, il finit par lâcher qu'il a trop bu la veille, et lorsque nous faisons halte chez des connaissances de Denis pour leur emprunter une tente, il sort de la voiture et vomit derrière un arbre. Denis n'a rien vu, mais à son retour elle propose de prendre le volant. Entre ses mains, la voiture gémit puis cale à plusieurs reprises, et Yeyo retrouve alors sa place de conducteur muet. Denis avoue que, n'ayant pas conduit depuis longtemps, elle a du mal avec la boîte de vitesses.

Enfin, nous voyons un panneau avec une flèche qui indique Camping Don Ignacio vers la droite. Plus qu'une pente en terre battue et là, au bord de la rivière, nous trouvons, sous le couvert des arbres, des emplacements avec des tables de pique-nique, un kiosque-boutique-épicerie, de la musique de-ci de-là et des campeurs partout, réunis autour de barbecues, des familles, baigneurs en serviette, enfants qui gambadent. Beaucoup de bruit, de peau nue et de cheveux mouillés, de couleurs : un joyeux désordre.

Tandis que nous négocions avec le gérant le prix de la dernière parcelle pouvant accueillir deux tentes – épourvue de table et d'électricité puisque c'est normalement le spot du baby-foot –, Joaquín enfile son maillot de bain et s'éclipse. Il va et vient, disparaît mais finit toujours par réapparaître et dire à sa mère ce qu'il va faire, où et avec qui. Une fois notre propre barbecue allumé, elle nous explique qu'elle a voyagé aussi, au Pérou, au Brésil, et qu'elle élève son fils dans l'idée qu'il en fasse de même, qu'il soit autonome, entreprenant, curieux, mais aussi responsable et donc qu'il la tienne au courant de ses activités. Visiblement il a bien appris : un coup il est en train de se baigner plus loin avec d'autres enfants, il plonge, se secoue et court à droite à gauche avec ses nouveaux amis, un autre il passe avec des gâteaux et nous raconte qu'untel les lui a donnés, puis avec des bananes, elles viennent de chez tel autre, puis il faut absolument que l'on aille voir, il a trouvé des crevettes dans la rivière.

Il est environ vingt et une heures, et sans trop croire aux fantaisies de Joaquín, Evelyne, Denis et moi nous dirigeons, *melvin* en main – melon rempli de vin –, vers le bord du cours d'eau. Nous nous asseyons sur des cailloux, les pieds immergés, au frais; pendant ce temps, Yeyo poursuit une sieste nocturne. Au départ, aucune crevette en vue, seulement un petit chien noir qui nous colle, nous éclabousse et réclame des caresses, mais elles finiront bien par se manifester en nous chatouillant les orteils.

Denis passe aux confidences: Yeyo a sombré dans l'alcoolisme depuis sa dernière rupture, quant à la vitre de la voiture, prétendument brisée par quelqu'un qui voulait voler une veste de marque laissée sur la banquette, c'est lui, d'après elle, qui s'y serait cogné en rentrant ivre mort. Elle traîne elle aussi ses propres casseroles, des ex problématiques et un passé de fêtarde rocambolesque, mais tandis qu'elle s'est calmée avec l'âge et les responsabilités, Yeyo continue à lui proposer de sortir tous les week-ends. Cela lasse Denis et surtout lui fend le cœur, de voir son ami stagnant, embourbé dans un rythme de vingtenaire.

La nuit tombe, les moustiques affluent, le *melvin* s'épuise, nous retournons vers les tentes. Yeyo est réveillé, le baby-foot que nous avons délogé nous fait de l'œil, mais sans argent pour se procurer la balle, nous cherchons un moyen de la « louer » gratuitement. L'idée est la suivante : moi, l'étrangère, je vais aller demander au gérant de brancher mon téléphone dans le kiosque, et j'en profiterai pour m'extasier devant ce jeu qui n'existe pas dans mon pays, me renseigner sur son nom et sur la manière dont on y joue. Puis je lui proposerai, innocemment et avec enthousiasme, de me prêter la balle pour pouvoir essayer.

La stratégie porte ses fruits et nous nous mettons donc à jouer au *taca taca*. Avec le recul, je réalise que ce gérant devait avoir vraiment envie de se laisser berner. Yeyo marque chaque fois, il se contente pourtant de donner de gigantesques et imprévisibles coups dans la manette, et il enchaîne les parties d'un air blasé, s'esclaffant uniquement parce que Denis, bien que révoltée par son extraordinaire malchance, persévère. Joaquín aussi est de retour entre-temps, il se poste en défense et seule Evelyne reste à l'écart, pensive, assise sur un banc.

Je me couche plus tôt, pensant qu'elle me rejoindra sous la tente, mais au matin j'apprends que Denis et elle ont dormi dans la voiture, Joaquín et Yeyo dans l'autre tente. Après un rapide petit déjeuner et une baignade, je m'en vais, seule, tandis qu'Evelyne et les autres restent profiter d'une nouvelle journée.

San Fabián

Paulo ne m'a pas fait grande impression. J'ai oublié son visage, je sais qu'il avait les cheveux noirs et courts, qu'il était jeune, peut-être vingt-quatre ans, et grand, et qu'il portait un short quadrillé, mais de son visage, rien. Il était sympathique, ni plus ni moins, c'est seulement que je n'aboutis nulle part lorsque j'essaie de me rappeler s'il m'a appris quoi que ce soit, ou ouvert de nouveaux horizons.

Dans ma mémoire, je ne trouve qu'une série de banalités : « Paulo, habite à Concepción, était en vacances chez sa famille à San Fabián, a étudié l'ingénierie commerciale, pourrait travailler aussi bien dans les ressources humaines que le contrôle de la production ou le développement de l'entreprise, allait justement passer un entretien d'embauche à Santiago pour une multinationale, aimerait s'expatrier à Londres, serait malgré tout disposé, s'ils ne voulaient pas de lui, à travailler pour une entreprise chilienne, mais à la capitale. » Je me souviens aussi qu'à Santiago il allait d'abord passer la soirée chez une amie, regarder un film avec elle en mangeant une pizza, qu'il pratique le tennis et recevait sans cesse des messages WhatsApp avec des émoticônes balle de tennis ou raquette, qu'il aime le jazz un peu fusion, qu'il aime la vitesse, qu'il rit lorsqu'un utilisateur de Waze signale un radar en imitant la voix de l'actuel président, Sebastían Piñera.

Et puis bien sûr, je garde en souvenir une discussion politique qui ne volait pas haut : il faut dire que je n'arrive pas, moi, à m'intéresser aux applications concrètes des grands concepts. Pas uniquement pour la politique, pour les mathématiques aussi : j'aime comprendre les objets, théorèmes et autres, mais utiliser ces outils, résoudre des problèmes réels grâce à eux, ne m'intéresse pas. En matière de politique, je manque d'arguments pour défendre mon point de vue, d'autant plus que Paulo coupe court au débat, décide qu'il n'y a rien à réfléchir, rien à faire, rien à gagner, juste le dégoût de devoir voter pour ce Piñera de droite tout en ayant des idéaux de gauche car, à ses yeux, c'est le seul à réellement comprendre la situation du Chili, à savoir que le pays n'est pas prêt pour d'amples changements sociaux qui le mèneraient à la faillite. Passionnant.

Rancagua

À l'entrée de Rancagua je me suis trouvé un père. J'étais en train d'errer dangereusement aux abords d'un rond-point, ne sachant plus très bien quelle route prendre, et un automobiliste a freiné devant moi pour me conseiller de ne pas rester là ; si j'allais à Rancagua, il pouvait m'emmener, mais nous devrions faire un détour au préalable.

Je monte vite à côté de lui, gardant mon sac à dos sur

mes genoux pour ne pas écraser les légumes posés sur la banquette arrière.

Il a peut-être soixante-dix ans, le visage parcheminé et le corps trop sec pour ses amples vêtements. Ses yeux sont bleus, comme les miens, et c'est en jouant sur cette ressemblance qu'il assurera à son ami et à la femme de celui-ci, chez qui nous passerons, que je suis sa fille.

Il a bien dû me dire son nom, mais je ne l'ai pas retenu, alors je vais l'appeler Papa.

Papa est à la retraite. Autrefois, il a été instructeur auprès des nouvelles recrues débarquant dans les mines, celles qui, venant de terminer leurs études, ont apparemment tout à réapprendre. Il a exercé dans bien des mines de bien des pays.

Désormais, Papa s'occupe principalement de son potager, dans lequel il cultive de tout, non pour vendre mais pour offrir à ses amis, livraison gratuite à domicile incluse !

Aujourd'hui, il est justement en chemin pour la Dintrans, où habite son ami Vicente. Dans ce quartier que Papa décrit comme malfamé, tout le monde s'observe et me dévisage à travers la vitre de la vieille voiture : les piétons, ceux qui épient derrière les fenêtres des maisons ou simplement assis devant leur porte. Parmi eux, un vieil homme qui, m'ayant vue et surtout vue le voir, a vite baissé son marcel blanc, qu'il tenait retroussé au-dessus de sa bedaine à cause de la chaleur.

Nous tournons sans fin, Papa et moi, dans le dédale

des rues de la Dintrans, cherchant une maison dont, n'étant jamais venu de jour, il n'était plus très sûr d'identifier la façade. Finalement, il semble l'avoir reconnue et sonne. Personne ne répond, alors il demande au voisin, qui est là, en jogging, en train de balayer son perron, si c'est bien Vicente qui vit à côté. Mais lui ne sait pas, qui vit à côté, qui n'y vit pas, d'ailleurs il ne leur a jamais parlé.

Nous décidons de rester stationnés là et d'attendre que l'ami réponde enfin au téléphone. Il y a de la musique de toute part, chacun voulant avoir le volume le plus élevé du voisinage.

Vicente arrive enfin, à bicyclette, c'était bel et bien sa maison. Ils déchargent des épis de maïs, des pêches, des pommes de terre, d'autres légumes en vrac, avant que je ne transfère mon sac à l'arrière.

La femme de Vicente apparaît sur le seuil – elle n'avait pas entendu la sonnette – et nous offre un verre de soda ; par politesse je l'accepte. Nous buvons en vitesse et repartons aussitôt, direction le centre de Rancagua : Papa n'a pas le temps, il est très occupé et ses deux enfants, mon frère et ma sœur donc, préféreraient qu'il se ménage un peu, toute cette agitation, ce n'est pas bon pour sa santé. Mais il se sent bien, il se sent jeune, il a besoin de mouvement. C'est sa fille, surtout, qui s'inquiète comme ça. Elle est très belle il me dit, et très différente de moi, plus petite, brune, plus basanée, juste un peu trop protectrice.

Le temps qu'il me raconte tout cela, nous arrivons à

destination, dans le quartier de Lourdes ; il trouve que ça a bien changé, depuis vingt ans qu'il n'y a pas mis les pieds. Tant bien que mal nous nous orientons, et il me guide jusqu'à la bonne rue, jusqu'à la bonne porte, jusqu'à l'amoureux qui m'y attend, comme un père. En s'éloignant, il nous salue, son gendre et moi, et nous souhaite le meilleur.

Santiago

En retard pour l'aéroport, plac plac plac plac, ce sont mes pas qui résonnent sur le sol mouillé, ce sont mes pas qui s'enchaînent malgré le poids sur mon dos, malgré la fatigue dans mon corps. Il est tôt, sept heures du matin, je ne veux pas louper l'avion, je cours, je cours, l'arrêt de bus est si loin. L'un d'eux s'approche, il est écrit, sur l'écran lumineux, *sin pasajeros*, mais étonnamment il s'arrête, en plein milieu de la rue, entre deux stations. Je me précipite à bord, remercie beaucoup, explique que j'ai un avion à attraper, en retour il dit qu'il m'a vue courir affolée et qu'il a eu envie de m'aider. Je lâche mon sac et me dirige vers la borne de validation des titres de transport, sors mon portefeuille, « *Nooo !* » s'écrie-t-il. Il n'était pas censé prendre de passagers. Trop tard, ma carte Bip – celle qu'un Chilien m'avait donnée en Colombie pour m'encourager à découvrir son pays – est déjà scannée et sa générosité trahie.

*

Après 7 mois et 9356 kilomètres parcourus, cette traversée s'achève ; l'été suivant, en Bulgarie, je foule à nouveau les routes, et avec le camping-car d'un ami de fraîche date, nous nous arrêtons pour accueillir deux auto-stoppeurs, une Française et un Britannique. Je m'adresse à eux comme si je me parlais à moi-même, leur posant les questions que l'on m'a mille fois posées. Figurerai-je à mon tour dans leur livre ?

REMERCIEMENTS

À Fabricio pour m'avoir donné la curiosité et l'inspiration d'aller voir de l'autre côté de l'océan, et à tous ceux qui m'ont lue et écoutée lire, parfois même au téléphone, mes textes tout au long de l'écriture, qui m'ont rassurée et encouragée, en particulier ma mère, Irina, mais aussi Lufi, Thomas, Alice, Agathe, encore Fabricio et les autres.

À Jakob (et the Lady) pour les vacances face à la mer grecque où j'ai enfin pu recommencer à écrire en toute sérénité.

Je tiens aussi à remercier l'association Zellidja, qui m'a donné une bourse de voyage et m'a ainsi permis de partir, mais surtout qui m'a transmis une conception dynamique et généreuse du voyage.

Bien sûr, un grand merci à mes éditeurs Jeanne Guyon et Yves Pagès pour l'accompagnement patient, les conseils et la confiance qui m'ont permis d'apprendre à retravailler et à revisiter le texte dans le détail avec plaisir.

Et surtout, *gracias mil veces* à toutes les bonnes âmes qui ne liront sûrement jamais ces remerciements mais qui se sont arrêtées pour moi, augmentant ce faisant non pas l'entropie mais la solidarité générale dans notre monde.

Composition : Entrelignes (64)
Achevé d'imprimer
par CPI Firmin-Didot
à Mesnil-sur-l'Estrée, en septembre 2020
Dépôt légal : septembre 2020
Numéro d'imprimeur : 159803

ISBN : 978-2-07-291475-1/Imprimé en France

371726